Karin Müller

Deutsch

lernen *mit ...*

Spielen *und*

Rätseln

© 2004 - ELI s.r.l.
P.O. Box 6 - Recanati - Italien
Tel. +39/071/75 07 01 - Fax +39/071/97 78 51
www.elionline.com
E-Mail: info@elionline.com

Adaptiert von **L'italiano con giochi e attività**
von Federica Colombo

Deutsche Version von Karin Müller und Iris Faigle

Illustriert von Roberto Battestini
Grafische Gestaltung von Studio Cornell sas

Gedruckt in Italien - Tecnostampa Recanati 04.83.089.0

ISBN 88-536-0131-0

Einleitung

Deutsch lernen mit Spielen und Rätseln ist eine Veröffentlichung für jugendliche und erwachsene Lerner von der Grund- zur Mittelstufe, die das Deutsche als Zweit- oder als Fremdsprache lernen möchten.

Das auf kommunikative und handlungsorientierte Ansätze gestützte Material ist auf drei Bände verteilt. Diese helfen den Lernenden, schrittweise den Wortschatz und die Grundstrukturen der deutschen Sprache zu erwerben. Jeder Band bietet **14 Einheiten**, die den Wortschatz des Alltags behandeln.

Deutsch lernen mit Spielen und Rätseln – Mittelstufe führt verschiedene neue Wortschatzbereiche ein, vertieft aber auch Themen, die bereits in den Bänden der Grundstufe und der unteren Mittelstufe behandelt wurden. Auf der ersten Seite jeder Einheit werden ungefähr 20 **illustrierte Vokabeln** vorgestellt. Auf den nächsten fünf Seiten werden die Vokabeln in **Spielen und Aufgaben** verschiedener Art (Kreuzworträtsel, Buchstabengitter, Anagrammen, usw.) angewendet.

In jeder Einheit wird ein **Grammatikthema** mit strukturellen Übungen vertieft, die den jeweiligen Wortschatz wieder aufgreifen.

Die **Lösungen** der Spiele im Anhang ermöglichen die Nutzung der Bände auch für das Selbstlernen.

Der menschliche Körper II

die Stirn

das Kinn

die Wange

die Augenbrauen

die Wimpern

der Bart

der Schnurrbart

die Lippen

die Zunge

das Handgelenk

der Ellbogen

die Achsel

die Brust

der Nabel

der Oberschenkel

die Wade

der Knöchel

1 Sehen Sie sich die Zeichnung an und tragen Sie die richtigen Wörter ein.

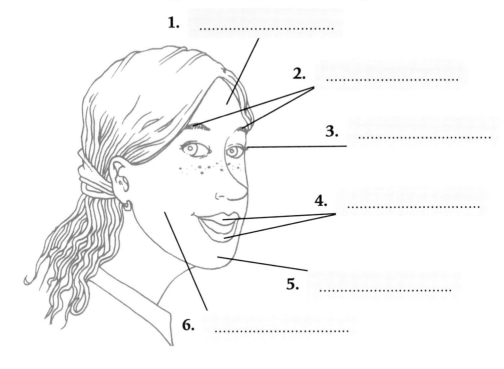

1. ....

2. ....

3. ....

4. ....

5. ....

6. ....

2 Sehen Sie sich die Zeichnungen an und lösen Sie das Kreuzworträtsel.

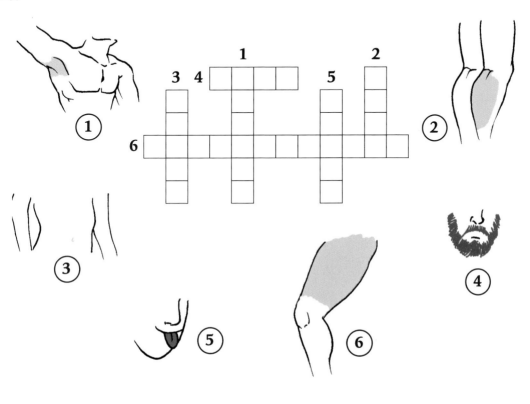

Grammatik

Stellung der Adjektive im Satz

Adjektive können vor einem Nomen stehen; dann haben sie eine Endung.
Beispiel: ein spitzes Kinn

Adjektive können Teil eines Prädikats sein; dann stehen sie am Satzende und haben keine Endung.
Beispiel: Das Kinn ist spitz.

Adjektivendungen

	1 Singular mit bestimmtem Artikel	2 Singular mit unbestimmtem Artikel	3 Singular ohne Artikel	4 Plural mit Artikel	5 Plural ohne Artikel
	der dunkle Bart die breite Stirn das spitze Kinn	ein dunkler Bart eine breite Stirn ein spitzes Kinn	- dunkler Bart - breite Stirn - spitzes Kinn	die dunklen Bärte die breiten Stirnen die spitzen Kinne	- dunkle Bärte - breite Stirnen - spitze Kinne
weitere Artikelwörter	dieser/diese/dieses jener/jene/jenes der-/die-/dasjenige der-/die-/dasselbe mancher jeder	kein/e mein/e dein/e sein/e unser/e euer/eure ihr/e	ein bisschen etwas	alle keine meine deine seine unsere eure ihre (manche)	andere einige viele wenige mehrere einzelne folgende verschiedene (manche)

	Singular			Singular			Singular			Plural			Plural		
	m	f	n	m	f	n	m	f	n	m	f	n	m	f	n
Nominativ	e	e	e	er	e	es	er	e	es		en			e	
Akkusativ	en	e	e	en	e	es	en	e	es		en			e	
Dativ	en	en	en	en	en	en	em	er	em		en			en	
Genitiv	en	en	en	en	en	en	en	er	en		en			er	

3 Sehen Sie sich die Zeichnungen an und ergänzen Sie die Sätze.

1. Die .... von Karoline sind dünn.

2. Erich hat sehr lange ....

3. Michaela hat rote ....

4. Johannes hat starken Muskelkater in den ....

5. Ilse massiert ihre müden ....

4 Gesicht und Persönlichkeit. Was passt angeblich zusammen?

a. lebenslustig

b. intelligent

c. verträumt

d. neugierig

e. energisch

f. musikalisch

1. ein kantiges Kinn

2. eine spitze Nase

3. eine hohe Stirn

4. große Augen

5. große Ohren

6. volle Lippen

5 Raten Sie mal: Was ist das?

Es ist ...

1. zwischen Bein und Fuß: ....

2. der untere Teil des Gesichts unter dem Mund: ....

3. der Teil des Gesichts zwischen Augenbrauen

und Haaransatz: ....

4. der Teil des Gesichts zwischen dem Wangenbein und

dem Kinn: ....

5. ein Haarbüschel, der über der Oberlippe des Mannes

wächst: ....

6. Haarwuchs auf den Wangen und dem Kinn

des Mannes: ....

7. zwischen dem Unterarm und der Hand:

....

8. der obere Teil des Beins: ....

9. der hintere Teil des Beins unter der Kniekehle:

....

Der menschliche Körper II

7

6 Sehen Sie sich die Zeichnungen an und verbinden Sie diese Redewendungen mit der richtigen Erklärung.

1. Er runzelt die Stirn.

☐ **a.** Er kann seine Gefühle nicht verbergen.

2. Es steht ihm auf der Stirn geschrieben.

☐ **b.** Sie lacht heimlich und schadenfroh.

3. Sie lacht sich ins Fäustchen.

☐ **c.** Er wundert sich über etwas.

4. Er hat ein Brett vor dem Kopf.

☐ **d.** Er folgt jedem Wort, das eine andere Person sagt.

5. Sie hat Tomaten auf den Augen.

☐ **e.** Er hat die anderen gern zum Besten und macht Scherze mit ihnen

6. Er hängt an den Lippen von jemand.

☐ **f.** Er hat Schwierigkeiten, etwas zu verstehen.

7. Er nimmt die Leute gern auf den Arm.

☐ **g.** Sie sieht nicht, was ihr eigentlich auffallen müsste.

7 Sehen Sie sich die Zeichnung an und lesen Sie die neuen Wörter. Schreiben Sie dann das fehlende Wort. Es handelt sich um ein Wort, das Sie schon kennen.

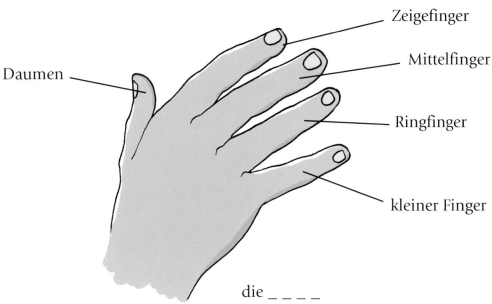

Zeigefinger

Mittelfinger

Daumen

Ringfinger

kleiner Finger

die _ _ _ _

8 Suchen Sie im Buchstabengitter die Wörter dieser Einheit. Die übrigen Buchstaben ergänzen den Satz unten.

```
E  K  L  W  A  N  G  E  S  B  A  R  T
L  Ö  I  Z  U  N  G  E  T  R  C  P  E
L  N  P  R  W  A  D  E  I  T  H  E  W
B  A  P  K  I  N  N  B  R  U  S  T  I
O  B  E  R  S  C  H  E  N  K  E  L  M
G  E  N  I  K  N  Ö  C  H  E  L  L  P
E  L  H  A  N  D  G  E  L  E  N  K  E
N  S  C  H  N  U  R  R  B  A  R  T  R
A  U  G  E  N  B  R  A  U  E  N  E  N
```

Es handelt sich um _ _ _ _ _ _ _ _ _ _ _ _.

Wie sehen Sie aus?
Beschreiben Sie sich!

Erste Hilfe

das Fieber

der Husten

die Erkältung

der Sonnenbrand

Halsschmerzen

Bauchschmerzen

Kopfschmerzen

Zahnschmerzen

der Krankenwagen

die Wunde

das Pflaster

der Gips

der Verband

die Krankenpflegerin

das Krankenhaus

der Arzt

die Apotheke

Medikamente

das Blut

1 Verbinden Sie die Zeichnungen mit den richtigen Wörtern.

1. ☐ das Fieber

2. ☐ der Husten

3. ☐ die Erkältung

4. ☐ der Sonnenbrand

5. ☐ Halsschmerzen

6. ☐ Bauchschmerzen

7. ☐ Kopfschmerzen

8. ☐ Zahnschmerzen

a.

b.

c.

d.

e.

f.

g.

h.

2 Sehen Sie sich die Zeichnungen an und lösen Sie das Kreuzworträtsel.

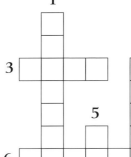

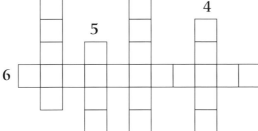

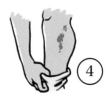

Grammatik

Satznegation: Ein Satz, bzw. das Verb eines Satzes wird mit nicht *verneint.*

Er ist erkältet.   Er ist **nicht** erkältet.

In einigen Fällen sind aber andere Negationswörter notwendig, um den Satz in seiner Bedeutung zu verneinen.

Er hat Fieber.   Er hat **kein** Fieber.
Er hat **noch** Fieber.   Er hat **kein** Fieber **mehr**.

Jeder wusste, dass er einen Gips hat.   **Niemand** wusste, dass er einen Gips hat

Die Behandlung hat **etwas** gekostet.   Die Behandlung hat **nichts** gekostet.

Er ist **immer** beim Arzt.   Er ist **nie** beim Arzt.
Er war **schon einmal** im Krankenhaus. Er war **noch nie** im Krankenhaus.

Eine Apotheke kann man **überall** finden.
Eine Apotheke kann man **nirgendwo/nirgends** finden.

---

3   Sehen Sie sich die Zeichnungen an und ergänzen Sie die Sätze mit: *nichts, niemand, mehr, nie* und den richtigen Wörtern.

1. Zum Glück hat
   mein Mann keinen
   _ _ _ _ _ _ ....

2. Ich war noch ....
   im _ _ _ _ _ _ _ _ _ _ _.

3. Elke hat eine neue Arbeit.
   Sie arbeitet nicht
   .... in der
   _ _ _ _ _ _ _ .

4. Anton hatte eine starke
   _ _ _ _ _ _ _ _ _, aber
   er hat ....
   angesteckt.

5. Verliert der Patient
   noch _ _ _ _?
   Nein, er verliert
   keins ....

6. Martina, hast du
   _ _ _ _ _ _ _ _ _ _ _ _ _ _?
   Ja, aber es ist ....
   Schlimmes!

4 Geben Sie eine negative Antwort auf die Fragen.

Warst du schon einmal in einem Krankenwagen?
Nein, ich war noch nie in einem Krankenwagen.

1. Erika, hast du noch Kopfschmerzen?

   Nein, ...

2. Hat der Arzt schon jemanden untersucht?

   Nein, ...

3. Hast du in der Apotheke etwas gekauft?

   Nein, ...

4. Hat das Kind noch einmal Fieber gehabt?

   Nein, ...

5. Hast du die Krankenpflegerin gerufen?

   Nein, ...

6. Nimmst du etwas gegen den Husten?

   Nein, ...

7. Hattest du schon einmal einen Sonnenbrand auf den Schultern?

   Nein, ...

5 Suchen Sie acht Wörter dieser Einheit im Buchstabengitter.
Die übrigen Buchstaben ergänzen den Satz.

H	A	L	S	S	C	H	M	E	R	Z	E	N	G
U	K	O	P	F	S	C	H	M	E	R	Z	E	N
S	L	Ä	E	R	K	Ä	L	T	U	N	G	N	Z
T	E	S	O	N	N	E	N	B	R	A	N	D	N
E	Z	A	H	N	S	C	H	M	E	R	Z	E	N
N	D	E	R	F	I	E	B	E	R	F	O	R	M
B	A	U	C	H	S	C	H	M	E	R	Z	E	N

Wer keine Probleme mit der Gesundheit hat,
ist in _ _ _ _ _ _ _ _ _ _ _ _ _ _!

6 Sehen Sie sich die Zeichnungen an und ergänzen Sie die Sätze.

1. Heute wird Gerd der .... abgenommen.

4. Barbara ist ....

2. Du brauchst ein .... für die Wunde.

5. An deiner Stelle würde ich zum .... gehen.

3. Sie mussten sofort einen .... rufen.

6. Heute morgen war Herr Ehrlich bei der ....-Abnahme.

7 Lösen Sie diese Rätsel. Fügen Sie auch den richtigen Artikel hinzu.

1. Wenn es hoch ist, ist es gefährlich.

   ....

2. Dieses Fahrzeug ruft man in dringenden Fällen.

   ....

3. Sie kann durch einen Unfall verursacht werden.

   ....

4. Damit schließt man kleine Wunden.

   ....

5. Das verliert man, wenn man sich schneidet.

   ....

6. Die muss man einnehmen, wenn man krank ist.

   ....

8 Sehen Sie sich die Zeichnungen an und lösen Sie das Kreuzworträtsel.

Waren Sie schon einmal
im Krankenhaus? Erzählen Sie.

Maße und Mengen

das Gramm

das Pfund

das Kilo

der Liter

die Dose

die Schachtel

der (Tee)beutel

das Päckchen

die Flasche

der Becher

das Glas

die Packung

die Tüte

der Kasten

die Tube

die Tafel

die Scheibe

der Zentimeter

der Meter

der Kilometer

1 Lösen Sie die Anagramme.

1. 500 Gramm sind ein .... DUNFP

2. Zwei Pfund sind ein .... LOKI

3. 100 Zentimeter sind ein .... MEERT

4. 1000 Meter sind ein .... TIERKOMEL

2 Verbinden Sie die Ausdrücke mit den Waren.

1. 100 Gramm   **a.** Bier

2. eine Dose   **b.** Mayonnaise

3. ein Kasten   **c.** Schinken

4. eine Flasche   **d.** Kartoffeln

5. eine Tube   **e.** Orangenlimo

6. ein Kilo   **f.** Wein

Grammatik

Die Mengenbezeichnung steht vor der Ware, deren Menge sie bestimmt.

Preise, Maß- und Mengenangaben (maskulin/neutrum) stehen im Singular:
Drei **Pfund Kartoffeln**, bitte!
Hast du **50 Cent**?
Hundert Gramm Schinken kosten 2,50 €.

Das Verb steht im Singular oder Plural:
Ein Liter **kostet** 2,80 €.   **Drei** Liter **kosten** 7,50 €.

Aber (feminin):
zwei Schachteln Pralinen   zwei Flaschen Wein
drei Tafeln Schokolade   vier Dosen Cola

---

3   Sehen Sie sich die Zeichnungen an und ergänzen Sie wie im Beispiel.

 eine Flasche Mineralwasser   3. .... Müsli

 1. .... Yoghurt   4. .... Öl

 2. .... Pralinen   5. .... Marmelade

Grammatik

Nicht zu verwechseln sind die Mengenangaben mit den zusammengesetzten Nomen, die den Zweck des Objektes beschreiben:

Artikel + Bestimmungswort + Grundwort

ein Marmeladenglas (ein Glas, das für Marmelade bestimmt ist)
eine Mineralwasserflasche (eine Flasche, die für Mineralwasser bestimmt ist)
eine Pralinenschachtel
eine Coladose
eine Ölflasche
usw.

Der Artikel des zusammengesetzten Nomens wird vom Grundwort bestimmt.

4 Juliane hat einen Einkaufszettel geschrieben. Was sagt sie im Geschäft? Verwenden Sie die Verben *brauchen* und *möchten*.

1 Kg Kartoffeln	1 Pfund Brot
1 Liter Milch	1/2 Pfund Butter
1 Packung Müsli	1 Glas Honig
1 Pfund Birnen	1/2 Pfund Quark

Ich möchte bitte ....

Dann brauche ich ....

....

5 Ergänzen Sie die Sätze.

1. Hast du noch Marmelade?

   – Ja, im Küchenschrank ist noch ein ....

2. Soll ich auch Essig kaufen?

   – Nein, im Keller ist noch eine ....

3. Dann brauche ich noch Reis.

   – Wie viel? Ist ein .... genug?

4. Brauchst du noch Zucker?

   – Ja, ich brauche noch 50 ....

5. Soll ich auch Orangen mitbringen?

   – Ja, kauf ruhig 2 ....

6. Brauchen wir Kekse?

   – Nein, es ist noch eine .... da.

6 Was würden Sie sagen? Schreiben Sie die richtige Maß- oder Mengenangabe wie im Beispiel.

.......*ein Stück*....... Kuchen

1. .... Cola

2. .... Brot

3. .... Puderzucker

4. .... Marmelade

5. .... Kartoffelchips

6. .... Schokolade

7. .... Stoff

8. .... Stau

Dose

Päckchen

Tafel

Glas

Tüte

Kilometer

Meter

Scheibe

Stück

7 Was ist das?

1. Sie enthält Flüssigkeiten und ist aus Glas oder Kunstoff.

....

2. Sie ist aus Aluminium.

....

3. Er besteht aus Papier und enthält Tee oder Kamillentee.

....

4. Normalerweiser ist sie aus Karton und enthält feste, trockene Waren.

....

5. Es ist relativ klein und hat einen Deckel.

....

8 Verbinden Sie die Zeichnungen mit den Sätzen und ergänzen Sie die Sätze dann mit den richtigen Maß- und Mengenangaben.

1. ☐ Von München nach Berlin sind es etwa 600 ....

2. ☐ Mein Garten ist acht .... lang.

3. ☐ Dieser Brief wiegt nur 10 ....

4. ☐ Heute Nacht sind fünf .... Schnee gefallen.

5. ☐ Markus wiegt 90 ....

a.

b.

c.

d. München / Berlin / 585

e.

9 Suchen Sie achtzehn Wörter dieser Einheit im Buchstabengitter. Die übrigen Buchstaben ergänzen den Satz unten.

```
Z  G  L  A  S  P  A  C  K  U  N  G
E  M  E  T  E  R  S  K  I  L  O  C
N  K  A  S  T  E  N  H  T  Ü  T  E
T  O  K  P  Ä  C  K  C  H  E  N  F
I  S  C  H  A  C  H  T  E  L  G  L
M  T  B  E  C  H  E  R  O  D  R  A
E  A  L  L  I  T  E  R  A  O  A  S
T  F  D  E  P  F  U  N  D  S  M  C
E  E  S  C  H  E  I  B  E  E  M  H
R  L  K  I  L  O  M  E  T  E  R  E
```

Sophie und Klaus waren im Kino.
Sie haben zwei Tafeln _ _ _ _ _ _ _ _ _ _ gegessen.

Welche Gewichts- und Längenmaße werden in Ihrem Land verwendet?

Blumen und Bäume

die Rose

die Margerite

die Tulpe

das Veilchen

die Sonnenblume

die Orchidee

die Osterglocke

die Iris

das Maiglöckchen

das Alpenveilchen

die Birke

die Tanne

der Kastanienbaum

die Eiche

die Zypresse

die Weide

1 Lösen Sie das Kreuzworträtsel. Die Buchstaben in den grauen Feldern ergänzen den Satz unten.

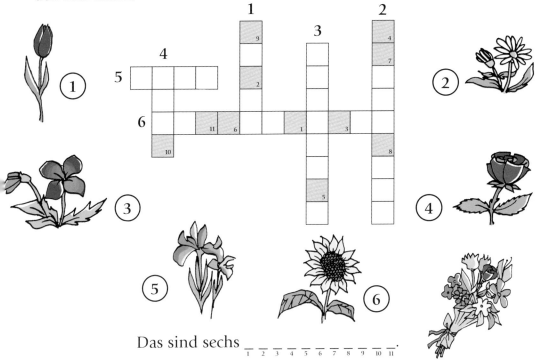

Das sind sechs $\underline{}_1\underline{}_2\underline{}_3\underline{}_4\underline{}_5\underline{}_6\underline{}_7\underline{}_8\underline{}_9\underline{}_{10}\underline{}_{11}$.

2 Sehen Sie sich die Zeichnungen an und schreiben Sie die Wörter. Die Buchstaben in den grauen Feldern ergeben den Oberbegriff.

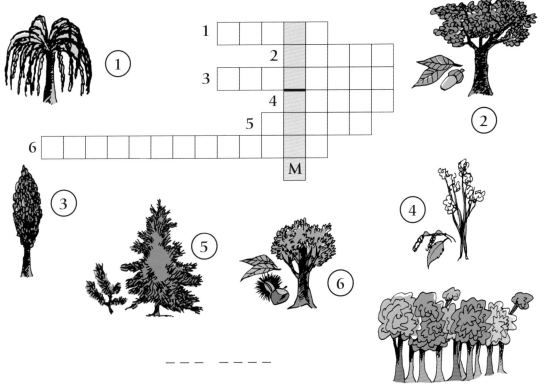

Grammatik

Verbvalenz

Im deutschen Satz regiert das Verb. Es definiert die anderen Satzteile. Zu vielen Verben gehört der Akkusativ.
Beispiel:
Ich sehe **einen** Kastanienbaum.   Ich mag Weiden.

Zu anderen gehört der Dativ. Diese Gruppe ist relativ klein.
Beispiel:
Mir gefällt die Tanne.   Sonnenblumenkerne schmecken **mir**.

Eine andere Gruppe Verben haben sowohl den Akkusativ als auch den Dativ.
Beispiel:
Ich schenke **meiner** Freundin **einen** Strauß Blumen.
Er bringt **ihr eine** Orchidee mit.

Personalpronomen

Nominativ	Akkusativ	Dativ
ich	mich	mir
du	dich	dir
er	ihn	ihm
sie	sie	ihr
es	es	ihm
wir	uns	uns
ihr	euch	euch
sie/Sie	sie/Sie	ihnen/Ihnen

3 Sehen Sie sich die Zeichnungen an und ergänzen Sie die Sätze.

1. Der Freund schenkt .... einen Strauß Rosen.

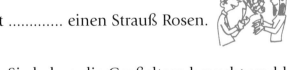

2. Sie haben die Großeltern besucht und haben .... ein Alpenveilchen mitgebracht.

3. Gefallen .... die Maiglöckchen?

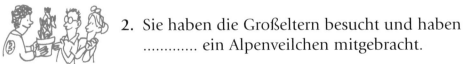

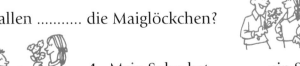

4. Mein Sohn hat .... ein Sträußchen Veilchen gepflückt

4 Ordnen Sie die Satzteile zu korrekten Sätzen. Vergessen Sie nicht, am Satzanfang groß zu schreiben und die Satzzeichen zu setzen.

1. mag lieber – nicht – Andrea – Tulpen – Rosen – gefallen – sie

   ....

2. Blumen – hat mir – geschenkt – mein Mann – nie

   ....

3. Ihnen – die Osterglocken – gefallen

   ....

4. haben uns – unsere Freunde - mitgebracht – eine Pflanze

   ....

5. aufs Land – gezeigt – mit Philip und Sara – gegangen – und haben ihnen – ein Sonnenblumenfeld – wir sind

   ....

6. im Garten – Ursula und Edith – haben – eine Blumenkette – gespielt – und haben – gebastelt

   ....

7. scheint mir – diese Eiche – sehr alt – schau mal

   ....

8. euch – für euer Wohnzimmer – ein Alpenveilchen – ich gebe

   ....

5 Wie heißt der Baum?

1. Sie hat keine Blätter sondern Nadeln.

   ....

2. Ihr Stamm ist weiß.

   ....

3. Im Herbst hat er eine stachelige Frucht, die innen ganz glatt ist.

   ....

4. Am bekanntesten ist die, die trauert.

   ....

5. Die Blätter dieses Baumes sind auf der Rückseite der Eurocent-Münzen zu sehen.

   ....

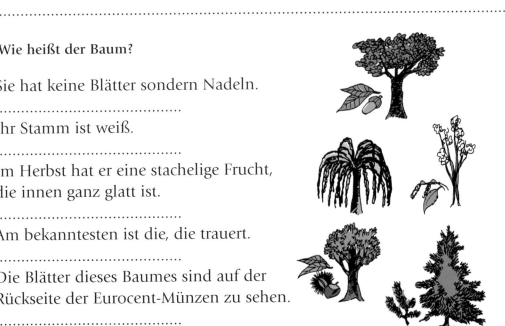

6 Lösen Sie das Kreuzworträtsel.

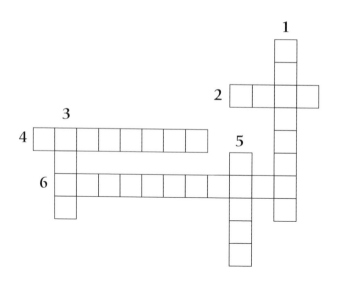

1. Mit ihnen und ihrem Duft kommt der Frühling.
2. Sie gehört zur Familie der Lilien.
3. Ohne Dornen gibt es sie nicht.
4. Sie ist die Königin unter der Blumen.
5. In Holland gibt es ganze Felder davon.
6. Sie dreht sich immer nach der Sonne.

7 Woran denken Sie, wenn sie diese Wörter hören oder lesen?

Tulpe ....

Kastanienbaum ....

Tanne ....

Sonnenblume ....

Maiglöckchen ....

Birke ....

Veilchen ....

Rose ....

8 Was gibt es alles in diesem Garten? Schreiben Sie die Namen der Blumen und Bäume, die Sie erkennen.

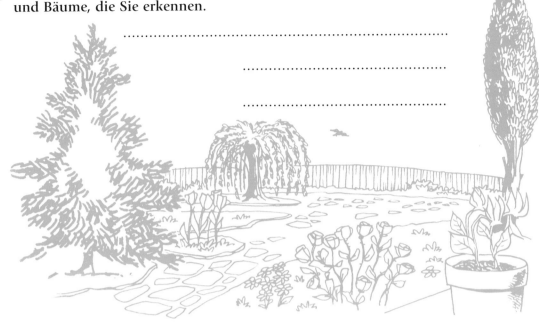

....

....

....

9 Suchen Sie fünfzehn Wörter dieser Einheit im Buchstabengitter. Die übrigen Buchstaben ergänzen den Satz unten.

K	A	S	T	A	N	I	E	N	B	A	U	M
O	S	T	E	R	G	L	O	C	K	E	S	A
A	T	B	O	R	C	H	I	D	E	E	G	R
M	A	I	G	L	Ö	C	K	C	H	E	N	G
'	N	R	O	S	E	S	W	E	I	D	E	E
D	N	K	U	T	U	L	P	E	R	R	I	R
C	E	E	H	D	I	E	B	L	I	U	C	I
V	E	I	L	C	H	E	N	M	S	E	H	T
S	O	N	N	E	N	B	L	U	M	E	E	E
A	L	P	E	N	V	E	I	L	C	H	E	N

_ _ _ _ _   _ _ _ _ _   _ _ _   _ _ _ _ _!

Welche Blumen schenken Sie einer
guten Freundin? Und warum?

Das Auto

der Motor

die Autotür

das Fenster

der Sitz

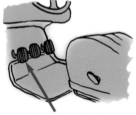
das Pedal

das Steuerrad

die Hupe

der Schalthebel

der Sicherheitsgurt

die Windschutzscheibe

der Scheibenwischer

der Rückspiegel

Scheinwerfer

der Blinker

der Reifen

der Kofferraum

das Nummernschild

B-NZ 837

der Kotflügel

die Stoßstange

1   Verbinden Sie die Verben mit den entsprechenden Gegenständen.

1. den Blinker
2. die Scheinwerfer
3. den Sicherheitsgurt
4. das Fenster
5. die Autotür
6. die Hupe

a. schließen
b. heben
c. betätigen
d. einschalten
e. setzen
f. anlegen

2   Sehen Sie sich die Zeichnung an und lösen Sie das Kreuzworträtsel.
Hinweis: ß=SS

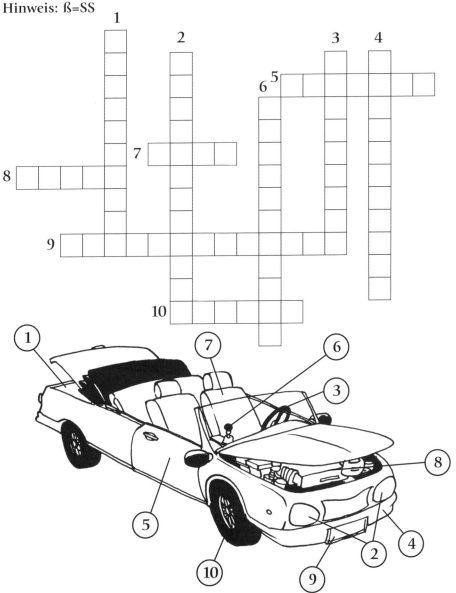

Das Auto

Grammatik

Lassen *kann neben seiner Funktion als Vollverb auch als paramodales Verb verwendet werden; das heißt es wird mit dem Infinitiv ohne* zu *verbunden. Normalerweise bedeutet die Kombination von* lassen *mit einem Infinitiv, dass man etwas nicht selbst macht, sondern jemand anderes damit beauftragt.*
Ich muss die Bremsen **kontrollieren** lassen.

In anderen Fällen kann **lassen** *auch die Bedeutung von „***erlauben***" annehmen.*
Lässt du mich dein Auto fahren?

3 **Ergänzen Sie die Formen von** *lassen.*

1. .... du mich bitte das Fenster für ein paar Minuten öffnen?

2. Du solltest die Scheibenwischer austauschen ....,

   sie wischen nicht mehr gut.

3. .... Georg vorausfahren, er kennt den Weg.

4. Wenn du zum Tanken fährst, denk dran, den Luftdruck in den Reifen

   kontrollieren zu ....

5. Komm, ... Ilse fahren, sie fährt doch gut!

6. Warum fährst du nicht weiter rechts und .... den Wagen

   überholen?

4 **Suchen Sie sieben Wörter im Buchstabengitter. Die übrigen Buchstaben ergänzen den Satz unten.**

R	Ü	C	K	S	P	I	E	G	E	L	I	S	M	H
I	S	C	H	A	L	T	H	E	B	E	L	I	N	U
N	E	K	O	F	F	E	R	R	A	U	M	T	N	P
S	T	E	U	E	R	R	A	D	R	A	U	Z	M	E
S	I	C	H	E	R	H	E	I	T	S	G	U	R	T

Diese sieben Teile befinden sich _ _ _ _ _ _ _ _ _ _ _ des Fahrzeugs.

5 **Warum muss Susanne in die Werkstatt?**

1. Sie muss die _ _ _ _ _ _ _ _ _ _ _ _ _ _
   auswechseln lassen.
2. Sie muss den _ _ _ _ _ kontrollieren lassen.
3. Sie muss den _ _ _ _ _ _ wechseln lassen.
4. Sie muss den rechten _ _ _ _ _ _ _ _ _ _ _
   reparieren lassen.
5. Sie muss das _ _ _ _ _ _ _ _ _ _ _ _ _ wieder
   anbringen lassen.

6 **Fahrschule: Machen Sie den Test.**

1. Damit legt man den Gang ein.
   ☐ **a.** die Schalthebel
   ☐ **b.** die Pedale

2. Damit signalisiert man, dass man abbiegen will.
   ☐ **a.** die Hupe
   ☐ **b.** der Blinker

3. Damit sorgt man für die persönliche Sicherheit.
   ☐ **a.** der Sicherheitsgurt
   ☐ **b.** die Autotür

4. Man braucht ihn, damit man bei
   Regen die Straße sehen kann.
   ☐ **a.** die Stoßstange
   ☐ **b.** der Scheibenwischer

5. Damit kann man ein
   Fahrzeug identifizieren.
   ☐ **a.** das Nummernschild
   ☐ **b.** der Rückspiegel

6. Damit kann man sein
   Fahrzeug lenken.
   ☐ **a.** das Steuerrad
   ☐ **b.** der Reifen

FAHRSCHULE

Das Auto

7 Sehen Sie sich die Zeichnungen an und ergänzen Sie die fehlenden Wörter.

1. Kannst du bitte das .... schließen?

2. Warum drückst du denn gar so heftig auf die ....? Du siehst doch, dass das Mädchen Anfängerin ist!

3. Diese Tasche stellen wir auf den Rücksitz, im .... ist kein Platz mehr.

4. Entschuldige, kann ich mit dem .... etwas weiter nach hinten rücken?

5. Oje, ich glaube, da gibt es ein Problem mit dem ....!

8 Was ist das? Schreiben Sie auch den Artikel.

1. Man muss ihn wechseln, wenn er geplatzt ist.

   FEIERN ....

2. Davon gibt es drei: die Bremse, die Kupplung und das Gas.

   AELPED ....

3. Man braucht ihn bei Regen.

   WEBERSCHIENISCH ....

4. Man setzt ihn, wenn man nach links oder rechts abbiegen will.

   KLENBIR ....

Sehen Sie sich die Zeichnungen an und lösen Sie das Kreuzworträtsel. Die Buchstaben in den grauen Feldern ergänzen den Satz unten. Hinweis: ß=SS

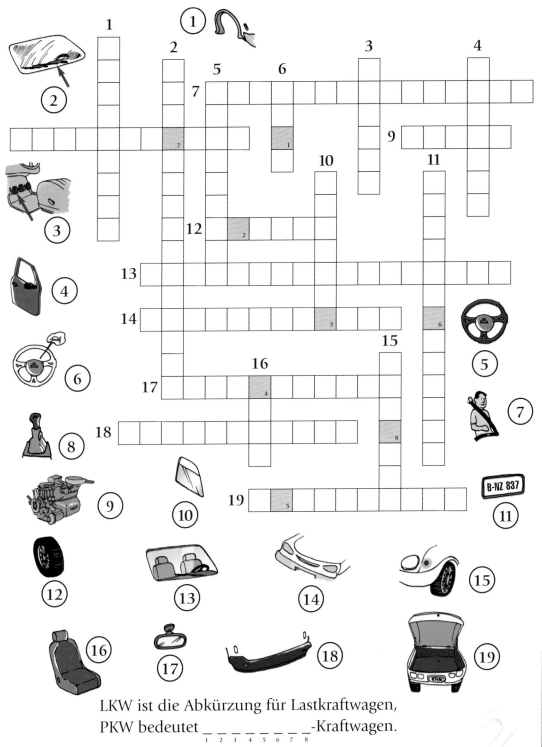

LKW ist die Abkürzung für Lastkraftwagen,

PKW bedeutet _ _ _ _ _ _ _ _-Kraftwagen.
1 2 3 4 5 6 7 8

Welches Auto hätten Sie gern? Warum?

Der Bahnhof und die Züge

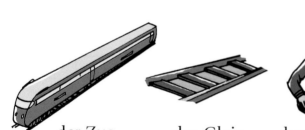
der Zug

das Gleis

der Kontrolleur

der Bahnhofsvorsteh

die Anzeigetafel

der Kofferkuli

die Gepäckaufbewahrung

der Wartesaal

die Auskunft

der Fahrkartenschalter

die Fahrkarte

der Wagen

die Lokomotive

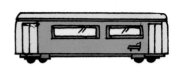
der Schlafwagen

der Speisewagen

der Platz

der Liegeplatz

das Fenster

1 Sehen Sie sich die Zeichnung an und schreiben Sie das richtige Wort.

1. ....

2. ....

3. ....

4. ....

5. ....

6. ....

2 Sehen Sie sich die Zeichnungen an und lösen Sie das Kreuzworträtsel.

Grammatik

Lokale Präpositionen

+ Dativ		+ Akkusativ	
ab	Du kannst direkt ab Berlin fliegen.	*bis*	bis Berlin
aus	Menschen aus aller Welt.	*bis an ...*	bis an die Grenze
aus ... heraus	Sie wollten aus diesem Land (he)raus.	*durch*	durch die Welt
bei	Ich war bei Freunden/beim Fußballspiel.	*entlang (auch nachgestellt)*	die Straße entlang
entgegen (nachgestellt)	Die radelten der Stadt entgegen.	*gegen*	gegen einen Baum
von	Sie kamen von der Reise/vom Sportplatz.	*um*	um einen Baum
zu	Ich fahre zum Sportplatz/zu meiner Firma.		
nach (ohne Artikel)	Sie kehrten nach Berlin zurück.		

Wechselpräpositionen

Wo? + Dativ			Wohin? + Akkusativ
in der Bundesrepublik unter der Bank hinter der Grenze zwischen den Fronten		*in – an – auf* *über – unter* *vor – hinter* *neben – zwischen*	in die Bundesrepublik unter die Bank hinter die Grenze zwischen die Fronten

3 **Lesen Sie die Sätze und wählen Sie die richtige Präposition.**

1. Er wohnt .... Salzburg.

☐ in ☐ aus ☐ nach

2. Er ist .... die ganze Welt geflogen.

☐ um ☐ über ☐ in

3. Man kann direkt .... Frankfurt fliegen.

☐ aus ☐ ab ☐ an

4. Er ging seiner Freundin ....

☐ gegenüber ☐ entgegen ☐ heraus

5. Er segelte .... die Insel.

☐ zu ☐ an ☐ um

6. Dieses Jahr machen wir Urlaub .... Türkei.

☐ in der ☐ in die ☐ in

7. Wir flogen von Berlin .... Hongkong nach Tokio.

☐ bis ☐ in ☐ über

8. Wir starten .... Lissabon ....

von ☐ aus aus ☐ von von ☐ her

4 Sehen Sie sich die Zeichnungen an und ergänzen Sie die richtige Präposition und das fehlende Wort.

1. Herr Götz steigt ....

2. Der Interregio aus Bamberg kommt .... 9 an.

3. Frau Fröhlich holt ihre Fahrkarte .... Tasche.

4. Hast du die Ansage gehört?
   Der .... München fährt gleich ab.

5. Diese Geschäftsleute essen ....

6. Frank setzt sich .... seinen ....

7. Man darf sich nicht .... lehnen, das ist gefährlich!

5 Was ist das? Schreiben Sie auch den Artikel.

1. Damit kann man sein Gepäck am Bahnhof ohne große Anstrengung befördern.
   ....

2. Hier gibt es die Fahrkarten.
   ....

3. Darauf stehen alle Ankunfts- und Abfahrtszeiten.
   ....

4. An diesem Ort kann man bequem warten, bis der Zug kommt.
   ....

5. Hier bekomme ich alle Informationen, die mit der Deutschen Bahn zu tun haben.
   ....

6. Den muss man buchen, wenn man nachts reist und sich hinlegen will.
   ....

6 Am Bahnhof. Schreiben Sie die Namen der Dinge und Personen.

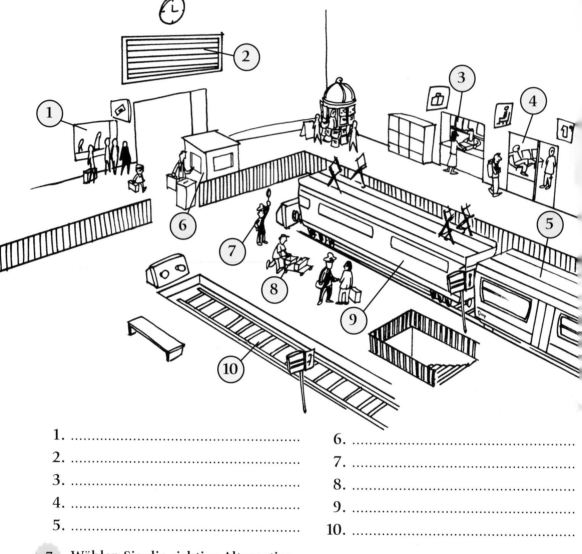

1. ....
2. ....
3. ....
4. ....
5. ....

6. ....
7. ....
8. ....
9. ....
10. ....

7 Wählen Sie die richtige Alternative.

1. Für den ICE (Intercity Express) um 17.34 muss man einen Zuschlag bezahlen
   Der Zuschlag ist:
   a. eine Strafe, die man direkt beim Kontrolleur bezahlt.
   b. ein Aufpreis für schnelle Züge.

2. Möchten Sie erste oder zweite Klasse reisen?
   Die Klasse ist:
   a. die Kategorie, in der man reisen möchte.
   b. die Reihe, in der man reisen möchte.

Sehen Sie sich die Zeichnungen an und lösen Sie das Kreuzworträtsel.

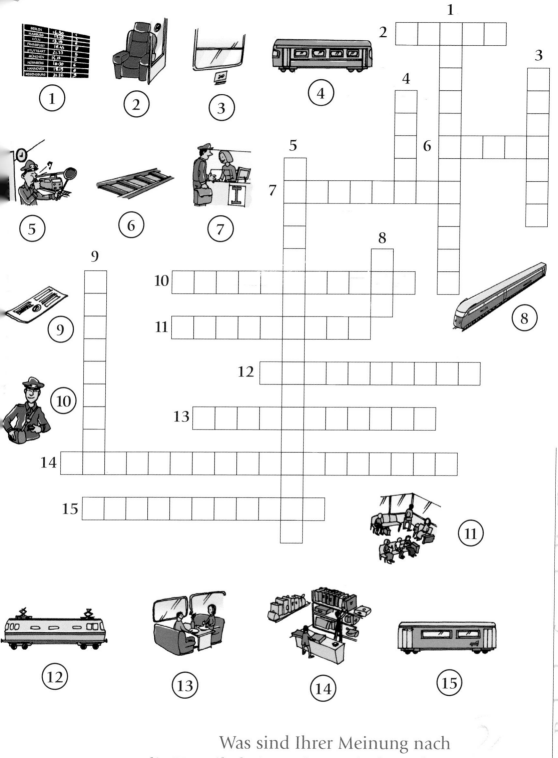

Was sind Ihrer Meinung nach
die Vorteile beim Reisen mit der Bahn?
Und was sind die Nachteile?

Der Flughafen und das Flugzeug

das Flugzeug

der Kontrollturm

die Startbahn

die Landung

der Start

die Abfertigung

die Bordkarte

der Ausweis

das Gepäck

die Sicherheitskontrolle

der Flugsteig

der Kommanda

die Stewardess

der Platz

der Gurt

das Fenster

der Gang

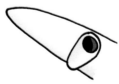
die Tragfläche

der Notausgang

die Gepäckausgabe

1 Suchen Sie sechs Wörter dieser Einheit im Buchstabengitter. Die übrigen
Buchstaben ergänzen den Satz.

$$
\begin{array}{ccccccccc}
N & O & T & A & U & S & G & A & N & G \\
G & B & F & E & N & S & T & E & R & A \\
U & E & S & T & A & N & D & T & E & N \\
R & I & P & L & A & T & Z & L & E & G \\
T & R & A & G & F & L & Ä & C & H & E \\
\end{array}
$$

Es handelt sich um sechs _ _ _ _ _ _ _ _ _ _ _ _ eines Flugzeugs.

2 Sehen Sie sich die Zeichnung an und schreiben Sie die Wörter.

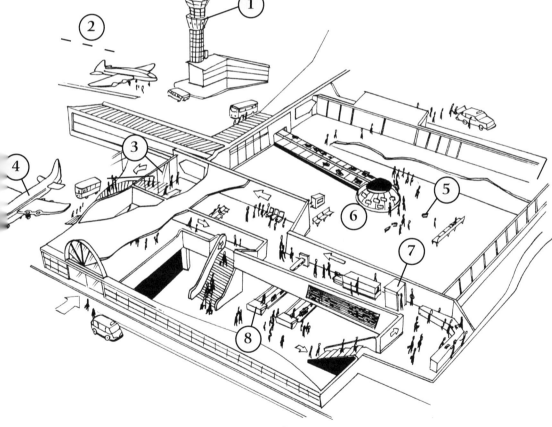

1. ....

2. ....

3. ....

4. ....

5. ....

6. ....

7. ....

8. ....

Grammatik

Die Gleichzeitigkeit von mehreren Handlungen kann auf verschiedene Weise ausgedrückt werden:

bei + *Dativ*
Bei der Landung habe ich immer ein bisschen Angst.

während + *Nebensatz*
Während das Flugzeug startet, darf man nicht telefonieren.

wenn + *Nebensatz im Falle von Gegenwart oder Zukunft*
Wenn man am Flughafen ankommt, muss man als Erstes zur Abfertigung gehen.

als + *Nebensatz im Falle von Vergangenheit*
Als ich das letzte Mal geflogen bin, hatte ich nur Handgepäck dabei.

---

3   **Lesen Sie die Sätze und ergänzen Sie die fehlenden Wörter.**

1. .... das Flugzeug landen will, muss es den Kontrollturm um Erlaubnis bitten.

2. .... die Stewardess den Kaffee einschenken wollte, gab es plötzlich Turbulenzen.

3. .... Start und Landung muss man immer angeschnallt sein.

4. .... wir nach der Abfertigung zur Sicherheitskontro gingen, wurde unser Gepäck verladen.

5. .... sich die Stewardessen um die Fluggäste kümmern, wünscht der Kommandant über Mikrofon allen einen guten Flug.

6. Paula und ich wollten gerade in den Bus steigen, ... Markus uns gerufen hat.

4 Herr Feldmeier geht auf Reisen. Bringen Sie die Reihenfolge in Ordnung.

Herr Feldmeier ...

a. ☐ zeigt seinen ....

b. ☐ bekommt seine ....

c. ☐ geht zur ....

d. ☐ legt den .... an

e. ☐ Das .... von Herrn Feldmeier startet.

f. ☐ geht durch die ....

5 Wer ist das? Was ist das?

1. Sie kümmert sich um die Fluggäste an Bord.
   WASSERDEST   ....
2. Er ist der Pilot, der für den Flug verantwortlich ist.
   MONDATMANK   ....
3. Von dort aus wird der Flugverkehr kontrolliert.
   TROMKULLRONT   ....
4. Hier holen die Fluggäste ihre Koffer ab.
   BUSEPAGAGECKÄ   ....

6 Sehen Sie sich die Zeichnungen an und ergänzen Sie die Fragen und Redewendun

1. Haben Sie ....?

2. Möchten Sie am .... oder am .... sitze

3. Hier ist Ihre ....

4. Ihren ...., bitte.

5. Legen Sie bitte den .... an.

6. Die Schwimmweste befindet sich unter dem
   .... vor Ihnen.

7 Verbinden Sie die Wörter mit den richtigen Definitionen.

1. die Startbahn

2. die Landung

3. der Start

4. die Sicherheitskontrolle

5. die Abfertigung

6. der Notausgang

7. der Flugsteig

a. Hier versammeln sich alle Fluggäste mit demselben Ziel, bevor sie ins Flugzeug steig

b. Hier wird kontrolliert, ob man metallische Gegenstände bei sich hat.

c. Durch diese Tür kann man in Notsituatione das Flugzeug verlassen.

d. Auf dieser „Straße" landen und starten die Flugzeuge.

e. Hier wird jeder Fluggast registriert, der an einem Flug teilnimmt.

f. Das ist der Anfang eines jeden Fluges.

g. Dadurch kommt das Flugzeug wieder auf de Boden.

8 Sehen Sie sich die Zeichnungen an und lösen Sie das Kreuzworträtsel.

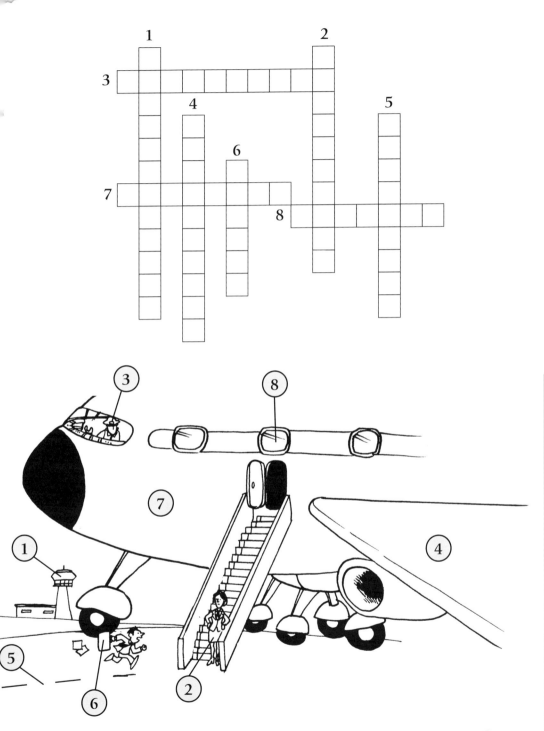

Sind Sie schon einmal geflogen?
Wenn ja, hat es Ihnen gefallen?
Wenn nein, würden Sie gerne einmal fliegen?

Im Hotel

Halbpension

Vollpension

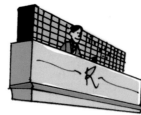

die Rezeption

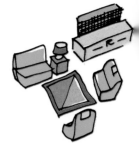

die Lobby

der Portier

der Zimmerschlüssel

das Einzelzimmer

das Doppelzimm

die Minibar

die Klimaanlage

die Hotelbar

der Swimmingpo

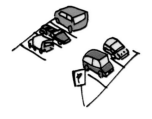

der Parkplatz

der Speisesaal

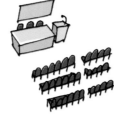

der Konferenzraum

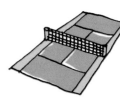

der Tennisplat

1 Sehen Sie sich die Zeichnung an und schreiben Sie die Wörter.

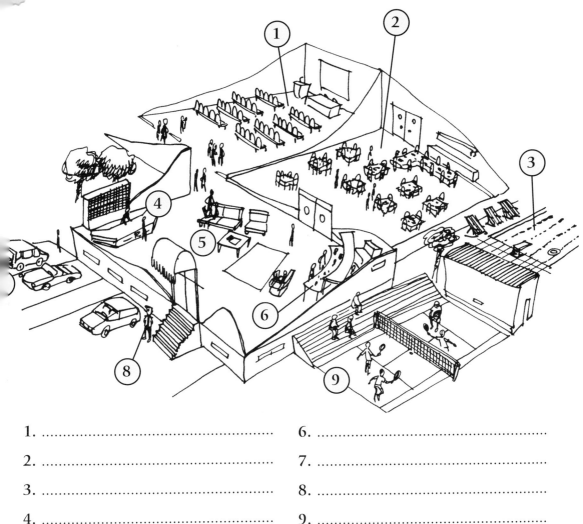

1. ....

2. ....

3. ....

4. ....

5. ....

6. ....

7. ....

8. ....

9. ....

2 Was für ein Zimmer wünschen Sie?

1. Herr Klein ist beruflich unterwegs und hat ein .... reserviert.

2. Roland und Ursula verbringen ein Wochenende in Freiburg und haben ein .... reserviert.

3. Herr und Frau Schulz sind im Urlaub in Österreich. Sie haben ein .... mit Vollpension gebucht.

Grammatik

> Um eine höfliche Frage zu formulieren verwendet man im Deutschen häufig den Konjunktiv von werden + Infinitiv (Konjunktiv II).
>
> Ich **würde** gern meinen Hund **mitbringen**, ist das möglich?
>
> Bei haben, sein *so wie bei* wollen, mögen *und den anderen Modalverben verwendet man hingegen die eigenen Konjunktivformen.*
>
> Ich **möchte** ein Zimmer für nächsten Mittwoch reservieren.
> Ich **hätte** gern ein Zimmer mit Klimaanlage.
> **Könnten** Sie mir bitte ein Fax zur Bestätigung schicken?
>
> | | haben | sein | werden | können | müssen | dürfen |
> |---|---|---|---|---|---|---|
> | ich | hätte | wäre | würde | könnte | müsste | dürfte |
> | du | hättest | wär(e)st | würdest | könntest | müsstest | dürftest |
> | er/es/sie | hätte | wäre | würde | könnte | müsste | dürfte |
> | wir | hätten | wären | würden | könnten | müssten | dürften |
> | ihr | hättet | wär(e)t | würdet | könntet | müsstet | dürftet |
> | sie/Sie | hätten | wären | würden | könnten | müssten | dürften |

3 Ergänzen Sie die Sätze mit den Verben in der richtigen Form.

1. Ich .... vom 3. bis zum 20. August ein Zimmer reservieren.

2. .... es möglich, ein Kinderbett im Zimmer zu haben?

3. Ich .... gern ein Zimmer mit Blick aufs Meer.

4. .... du den Tennisplatz für heute nachmittag reservieren? Ich habe gerade keine Zeit.

5. Ihr .... doch morgen auch auf den Ausflug mitgehen.

6. .... es dir etwas ausmachen, mir das Frühstück aufs Zimmer zu bringen?

4 Formulieren Sie die Sätze noch höflicher (mit dem Konjunktiv).

1. Haben Sie ein Doppelzimmer mit Vollpension frei?
....

2. Ist es möglich, ein Zimmer mit Balkon zu bekommen?
....

3. Ich will bitte ein Einzelzimmer für das Wochenende reservieren.
....

4. Zeigen Sie mir bitte, wie die Klimaanlage funktioniert?
....

5. Das müssen Sie den Portier fragen.
....

6. Da können Sie sich an die Rezeption wenden.
....

7. Geben Sie mir bitte Schlüssel Nummer 132.
....

8. Haben Sie vielleicht auch einen Konferenzraum zur Verfügung?
....

5 Lösen Sie das Kreuzworträtsel.

1. Das ist ein Zimmer für zwei Personen.
2. Hier kann man essen.
3. Das ist ein Zimmer für eine Person.
4. Frühstück und Abendessen ist inbegriffen.
5. Hier stellt man sich vor, wenn man ankommt.
6. Den braucht man, um ins Zimmer zu gelangen.
7. Frühstück, Mittagessen und Abendessen sind inbegriffen.

6 Was bietet dieses Hotel? Sehen Sie sich den Prospekt an und ergänzen Sie die Sätze

1. Das Hotel hat 36 ....
2. Alle Zimmer sind mit .... und .... ausgestattet.
3. Auf Wunsch können Sie .... oder .... buchen.
4. Die .... ist rund um die Uhr geöffnet.
5. Neben der Lobby befindet sich die .... und dahinter gleich der ....
6. Das Hotel hat einen eigenen .... und zwei ....
7. Außerdem verfügt es über einen großen ....
8. Hinter dem Hotel befindet sich ein großer ....

7 Lösen Sie die Anagramme.

1. Hier stellt man sein Auto ab.
   ZAPPLTRAK _ _ _ _ _ _ _ _ _

2. Man schaltet sie ein wenn es sehr heiß ist.
   AMAAKLINGEL _ _ _ _ _ _ _ _ _ _ _

3. Das reserviert man, wenn man alleine reist.
   MERINLEZZEIM _ _ _ _ _ _ _ _ _ _ _ _

4. Sie bietet Abhilfe, wenn man im Zimmer ist und Durst hat.
   MIRBANI _ _ _ _ _ _ _

5. Den braucht man, wenn man mit einer Gruppe von Personen zum Arbeiten im Hotel ist.
   ZORNKAFEENURM _ _ _ _ _ _ _ _ _ _ _ _ _

6. Das ist der Raum, in dem man sich befindet, wenn man ein Hotel betritt.
   BYLOB _ _ _ _ _

8 Suchen Sie die Wörter dieser Einheit im Buchstabengitter. Die übrigen Buchstaben ergänzen den kleinen Dialog unten.

E	S	P	E	I	S	E	S	A	A	L	I	N	Z	D
I	W	E	I	N	Z	E	L	Z	I	M	M	E	R	O
M	I	M	H	A	L	B	P	E	N	S	I	O	N	P
R	M	I	N	I	B	A	R	E	L	O	B	B	Y	P
E	M	R	T	E	N	N	I	S	P	L	A	T	Z	E
Z	I	M	M	E	R	S	C	H	L	Ü	S	S	E	L
E	N	K	L	I	M	A	A	N	L	A	G	E	M	Z
P	G	I	T	K	P	O	R	T	I	E	R	I	N	I
T	P	K	O	N	F	E	R	E	N	Z	R	A	U	M
I	O	D	V	O	L	L	P	E	N	S	I	O	N	M
O	O	E	R	P	A	R	K	P	L	A	T	Z	B	E
N	L	E	H	O	T	E	L	B	A	R	T	T	E	R

Guten Tag, Sie wünschen?
Ich hätte gern _ _ _ _ _ _ _ _ _ _ _ _ zwei _ _ _ _ _ _ _ _ _ _ _ _ N.

Waren Sie in Deutschland, Österreich oder der Schweiz schon einmal im Hotel? Erzählen Sie.

Die Musik

das Konzert

das Orchester

der Dirigent

der Sänger

die Kapelle

die Rockgruppe

die Note

die Partitur

das Keyboard

das Akkordeon

das Klavier

das Schlagzeug

die Geige

das Cello

der Kontrabass

die Gitarre

die Flöte

das Saxofon

die Trompete

die CD

1 Sehen Sie sich die Zeichnungen an und lösen Sie das Kreuzworträtsel.

2 Suchen Sie neun Wörter dieser Einheit im Buchstabengitter. Die übrigen Buchstaben ergänzen den Satz.

N	S	C	H	L	A	G	Z	E	U	G	C
E	U	K	L	A	V	I	E	R	N	I	E
K	O	N	T	R	A	B	A	S	S	T	L
M	F	L	Ö	T	E	U	S	I	K	A	L
A	K	K	O	R	D	E	O	N	I	R	O
N	S	T	R	K	E	Y	B	O	A	R	D
U	M	E	N	T	E	G	E	I	G	E	N

Du hast die Namen von _ _ _ _
_ _ _ _ _ _ _ _ _ _ _ _ _ _ _ _ _ _ _ gefunden.

Grammatik

Steht ein Verb im Infinitiv, braucht es normalerweise ein **zu**.
Es macht Spaß Gitarre **zu** spielen.
Es ist schwierig ohne Partitur **zu** spielen.
Ich habe versucht Karten für das Konzert **zu** bekommen.

Ist das gebeugte Verb im Satz dagegen ein Modalverb, steht der Infinitiv ohne **zu**.
Ich kann Gitarre spielen.
Ich will Sänger werden.
Ich darf nicht in die Disko gehen.

Nach den Verben **lehren**, **lernen**, **helfen** *und* **sehen** *steht das Verb normalerweise auch ohne* **zu**.
Ich lerne Gitarre spielen.
Ich helfe dir das Schlagzeug aufstellen.
Ich sehe die Kapelle kommen.

3 Sehen Sie sich die Zeichnungen an und ergänzen Sie die Sätze mit den richtige
Wörtern und *zu* wo nötig.

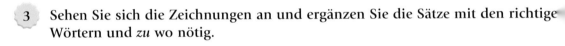

1. In der Schule lernt Martina
_ _ _ _ _ ....
lesen.

4. Herr und Frau Eichmann wollten schon lange in der Karnevals_ _ _ _ _ _
mit .... spielen.

2. David ist glücklich, in einer Rockgruppe
_ _ _ _ _ _ _ _ _ _ ....
spielen.

5. Die beiden lernen
_ _ _ _ _ ....
spielen.

3. Jeden Dienstag geht Juliane zum
_ _ _ _ _ _ _nunterricht.
Sie kann schon recht gut .... spielen.

6. Ich sehe Lutz immerzu
_ _ _ _ _ .... üben.

4 Sehen Sie sich die Zeichnung an und schreiben Sie die richtigen Wörter.

1. ....

2. ....

3. ....

4. ....

5. ....

6. ....

5 Ergänzen Sie die Sätze mit den richtigen Wörtern.

1. Heute Abend gehen wir auf ein ....

2. Gestern Abend beim Faschingsumzug hat eine ....
   gespielt.

3. Ich habe die neue .... von Herbert Grönemeyer gekauft.

4. Herbert von Karajan war ein großer ....

5. Kommst du mit in die Disko morgen Abend? Da gibt es einen
   Live-Auftritt von einer englischen ....

6. In der Schule habe ich  .... spielen gelernt.

6 Um welche Musikrichtung handelt es sich?

Schlager – Oper – Rockmusik – klassische Musik – Jazz
Blues – Rap/Hip-Hop – Kirchenmusik – Popmusik

1. *Die neunte Simphonie* Beethoven
   ....
2. *Rigoletto*, Verdi
   ....
3. *Ave Maria*, Schubert
   ....
4. *The Wall*, Pink Floyd
   ....
5. *Daniel*, E. John
   ....
6. *Cornet Chop Suey*, L. Armstrong
   ....
7. *Mr. Blues*, B. B. King
   ....
8. *8 mile*, Eminem
   ....
9. *Über den Wolken*, Reinhard Mey
   ....

7 Jetzt verbinden Sie die Musikrichtungen mit den Instrumenten, die typisch für sie sind.

1. klassische Musik

2. Schlager

3. Blues

4. Rock

5. Jazz

a. Saxofon, Trompete

b. E-Gitarre, Schlagzeug, Bass

c. Keyboard, Schlagzeug, Gitarre

d. Schlagzeug, Mundharmonika, Gitarre

e. Geige, Klavier, Flöte

8 Sehen Sie sich die Zeichnungen an und lösen Sie das Kreuzworträtsel.

Hören Sie gerne Musik? Welche Musikrichtung?
Spielen Sie ein Instrument? Wenn ja, welches?

Kino und Theater

die Kasse

die Karte

der Platz

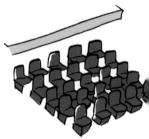
das Parkett

der Rang

die Leinwand

der Regisseur

der Film

das Plakat

die Loge

die Bühne

der Vorhang

der Schauspieler

die Schauspielerin

1 Füllen Sie das Gitter aus und entdecken Sie, wohin Ulrike geht.

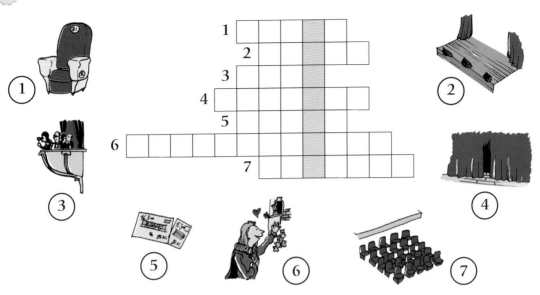

Heute Abend geht Ulrike ins _ _ _ _ _ _ _.

2 Und wohin geht Lorenz? Lösen Sie das Kreuzworträtsel und ergänzen Sie den Satz mit den Buchstaben aus den grauen Feldern.

Lorenz geht ins _ _ _ O.
                  1 2 3

Grammatik

Um den Gefallen an etwas auszudrücken gibt es verschiedene Möglichkeiten. Da die Verben unterschiedliche Valenz haben, ist es wichtig, diese zusammen mit dem Verb zu lernen: Verben mit Akkusativ, Verben mit Dativ, Verben mit Akkusativ und Dativ, Verben mit Präpositionalergänzung.
Zum Beispiel:

gefallen + *Dativ*
Ins Kino gehen gefällt mir.

mögen + *Akkusativ*
Ich mag Spielfilme.

finden + *Adjektiv* + *Akkusativ*
Actionfilme finde ich interessant.

sich freuen auf + *Akkusativ*
Ich freue mich auf das Theaterstück morgen Abend.

3   **Ergänzen Sie die Sätze mit den richtigen Verben.**

1. Das Stück hat mir wirklich sehr gut ....

2. Diese Schauspieler haben ihm offensichtlich nicht ....

3. Dieses Kino .... ich total unbequem.
Man hat gar keinen Platz für die Beine!

4. Das amerikanische Publikum ....
diese Schauspielerin sehr gern.

5. Dieser neue Regisseur .... mir überhaupt nicht.

4 Sehen Sie sich die Zeichnungen an und ergänzen Sie die Sätze mit den fehlenden Wörtern.

1. Gerd sitzt im _ _ _ _ _ _ _.

3. Heike und Stefan haben zwei Plätze im ersten _ _ _ _.

2. Gerade öffnet sich der _ _ _ _ _ _ _.

4. In diesem Kino ist die _ _ _ _ _ _ _ _ besonders klein.

5 Was ist das?

1. Das ist der Ort, an dem die Eintrittskarten verkauft werden.

   ....

2. In diesem Bereich bewegen sich normalerweise die Schauspieler, wenn sie im Theater auftreten.

   ....

3. Auf diesem Zelluloid-Streifen befinden sich die Aufnahmen.

   ....

4. Das ist die Oberfläche, auf die der Film projiziert wird.

   ....

5. Das ist einer der kleinen Publikumsbereiche, in denen nur wenige Personen Platz haben.

   ....

6 Suchen Sie die Wörter im Buchstabengitter, die den Text ergänzen.
Die übrigen Buchstaben ergeben dann das fehlende Wort.

```
P   A   R   K   E   T   T   E
R   K   A   R   T   E   N   D
N   Ü   F   I   L   M   S   S
P   L   A   K   A   T   E   E
```

Robert und Fabian haben sich getroffen, um zusammen ins Kino zu gehen.
Vor dem Kino Odeon haben Sie die .... angesehen, haben
eine paar Filmkritiken gelesen und haben gesehen, dass der
.... eine Stunde und 50 Minuten dauert. Sie haben die
.... gekauft und jetzt sitzen Sie im ....,
warten darauf, dass der Film beginnt und essen ....

7 Sehen Sie sich die Zeichnung an und schreiben Sie die richtigen Wörter.

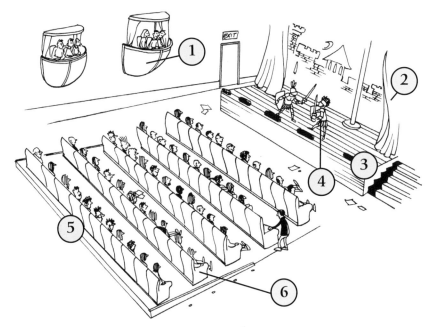

1. ....

2. ....

3. ....

4. ....

5. ....

6. ....

8 Sehen Sie sich die Zeichnungen an und lösen Sie das Kreuzworträtsel.

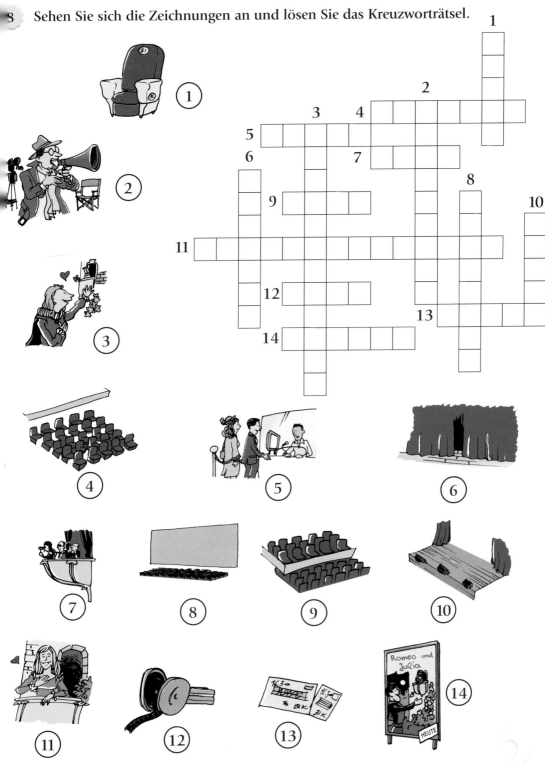

Gehen Sie oft ins Theater oder ins Kino?
Was sehen Sie am liebsten?

Das Fernsehen

der Fernseher   die Fernbedienung   der DVD-Player   der Videorecorder

die Videokassette   die Programmzeitschrift   die Antenne   die Nachrichten

das Quiz   die Unterhaltungssendung   der Spielfilm   der Dokumentarfilm

der Zeichentrickfilm   der Werbespot   die Wettervorhersage   die Sportsendung

1 Sehen Sie sich die Zeichnungen an, lösen Sie das Kreuzworträtsel und ergänzen Sie dann den Satz mit den Buchstaben aus den grauen Feldern.

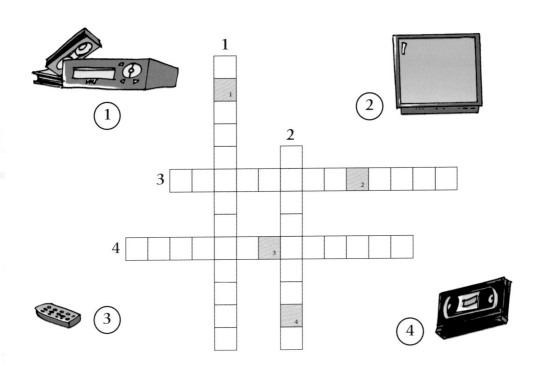

FL _ MM _ RK _ ST _ N ist ein Synonym für „Fernseher".
   1   2   3   4

2 Suchen Sie im Buchstabengitter neun Wörter und schreiben Sie den Satz mit den übrigen Buchstaben.

Q W Z E I C H E N T R I C K F I L M A S

U K O M M D O K U M E N T A R F I L M T

I H W E T T E R V O R H E R S A G E E U

Z T E S P O R T S E N D U N G A B E N D

N A C H R I C H T E N W E R B E S P O T

U N T E R H A L T U N G S S E N D U N G

I M F E R S P I E L F I L M N S E H E N

___ _____ _____ _____ __ _____?

Grammatik

> Der Vorgangspassiv wird mit dem Hilfsverb **werden** und dem Partizip II gebildet. Das Subjekt des aktiven Satzes wird im Passiv-Satz eventuell zur Präpositionalergänzung.
>
> Morgen sendet das ZDF eine Direktübertragung des Fußballspiels.
> Morgen **wird** (vom ZDF) eine Direktübertragung des Fußballspiels **gesendet**.
>
> *Zeitformen:*
> *Präsens:* Das Fußballspiel **wird gesendet**.
> *Präteritum:* Das Fußballspiel **wurde gesendet**.
> *Perfekt:* Das Fußballspiel **ist gesendet worden**.
> *Plusquamperfekt:* Das Fußballspiel **war gesendet worden**.

3 Sehen Sie sich die Zeichnungen an und ergänzen Sie die Sätze mit den richtigen Wörtern und den Verben in Klammern im Passiv.

Gegenwart:

1. Diese _ _ _ _ _ _ _ _ _ _ _ _ _ _ _ _ _ _ (kaufen) .... von vielen Personen ....

2. Die _ _ _ _ _ _ _ _ _ _ _ _ _ _ _ _ (senden) .... immer um 19.50 Uhr ....

3. Der _ _ _ _ _ _ _ _ _ _ _ _ (drängen) .... heute vom DVD-Player vom Markt ....

Vergangenheit:

1. Der alte _ _ _ _ _ _ _ _ (bringen) .... in den Keller ....

2. Dieser _ _ _ _ _ _ _ _ _ (drehen) .... mit einem berühmten Schauspieler ....

3. Diese _ _ _ _ _ _ _ _ _ _ _ _ _ (aufnehmen) .... alle von Peter ....

4   Verbinden Sie die Fernsehsendungen mit den passenden Titeln.

1. ☐ die Nachrichten

2. ☐ die Unterhaltungssendung

3. ☐ das Quiz

4. ☐ der Spielfilm

5. ☐ der Dokumentarfilm

6. ☐ der Zeichentrickfilm

7. ☐ der Werbespot

8. ☐ die Wettervorhersage

9. ☐ die Sportsendung

a. Wie wird das Wetter?

b. Sport am Sonntag

c. Wetten dass?

d. Tagesschau

e. König Löwe

f. Geschichte einer Liebe

g. Welch ein Abend, heute Abend!

h. Nach einer kurzen Unterbrechung geht der Film weiter.

i. Am Amazonas entlang

Das Fernsehen

5 Finden Sie die richtigen Wörter. Schreiben Sie auch den Artikel.

1. Damit kann man das Programm wechseln oder den Fernseher lauter stellen, ohne aus dem Sessel aufstehen zu müssen.

   ....

2. Damit kann man aufgenommene Filme sehen.

   .... oder ....

3. Hier kann man die Programme der einzelnen Sender nachlesen.

   ....

4. Damit kann man elektromagnetische Wellen empfangen.

   ....

6 Was sehen diese Leute?

1. Maria möchte sich über die Ereignisse des heutigen Tages informieren.
   Sie schaut sich .... an.

2. Die Kreislers möchten einen ruhigen Abend verbringen.
   Sie schauen sich .... an.

3. Karl interessiert sich für die Fußballergebnisse und für das Tischtennisturnier.
   Er schaut sich .... an.

4. Frauke fährt übers Wochenende ins Gebirge und möchte wissen,
   wie das Wetter wird.
   Sie schaut sich .... an.

5. Die Kinder von Monika sehen nicht viel fern, aber um 17.00 schauen sie
   sich immer .... an.

6. Herr Mühsam hält sich gern über Tiere am Laufenden.
   Er schaut sich regelmäßig .... an.

7. Lukas geht fast nie ins Kino, er wartet lieber, bis ....
   im Fernsehen gesendet werden.

8. Gisela ist sehr stolz auf ihr Allgemeinwissen und schaut sich immer gern
   .... an.

9. Stefanie arbeitet für eine Werbeagentur und interessiert sich daher immer
   für die neuen .... im Fernsehen.

Sehen Sie sich die Zeichnungen an und lösen Sie das Kreuzworträtsel.

Sehen Sie oft fern?

Technologie

die Videokamera der Fotoapparat der Computer der Drucker

der Scanner das Laptop der Fotokopierer das Fax der Taschenrechr

das Radio der Walkman der CD-Player die Stereoanlage

das Autoradio das Telefon das Handy der Anrufbeantworter die Satellitenante

1 Schreiben Sie die Wörter in die richtige Spalte.

das Radio – das Autoradio – das Fax – das Handy – die Stereoanlage
der Taschenrechner – der CD-Player – der Walkman – die Videokamera

Musik hören	Kommunizieren	anderes
....	....	....
....	....	....
....	....	....
....	....	....
....	....	....

2 Sehen Sie sich die Zeichnung an und schreiben Sie die Ziffern an die richtige Stelle.

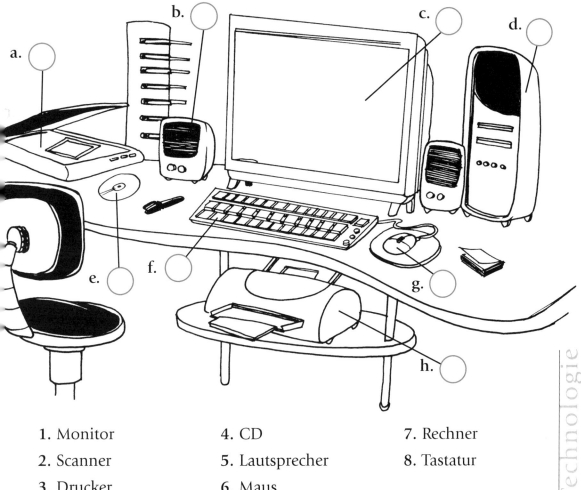

1. Monitor   4. CD   7. Rechner

2. Scanner   5. Lautsprecher   8. Tastatur

3. Drucker   6. Maus

Grammatik

> **Wenn** *ist der temporale Konnektor für Handlungen, die jetzt oder in der Zukunft geschehen.*
>
> **Wenn** du ein Fax schicken möchtest, musst du hier die Faxnummer eingeben.
>
> *Will man ein Geschehen in der Vergangenheit beschreiben, verwendet man den Konnektor* **als**.
>
> **Als** es noch keine E-Mail gab, konnte man Texte per Modem senden.
>
> *Ist der Vorgang in der Vergangenheit wiederholt, verwendet man allerdings* **wenn**.
>
> **(Immer) wenn** ich anrufen wollte, war die Leitung besetzt.

3 Früher und heute. Sehen Sie sich die Zeichnungen an und ergänzen Sie die Sätz mit *wenn* oder *als* und den richtigen Wörtern.

1. .... es noch keine _ _ _ _ _ _ gab, gab es noch viel mehr Telefonzellen.

2. .... ich die Universität besuchte, musste man die Diplomarbeiten noch mit der Schreibmaschine schreiben. Heute verwendet man den _ _ _ _ _ _ _ _.

3. .... man früher einen Brief schicken wollte, musste man ihn per Post zustellen lassen, heutzutage geht das schneller, es gibt das _ _ _.

4. Früher verwendete man zur Vervielfältigung von Schriftstücken Blaupausen, ... man heute eine Kopie braucht, benutzt man den _ _ _ _ _ _ _ _ _ _ _.

5. Vor einigen Jahren hatten viele Leute zum Musikhören in allen Situationen einen Walkman. .... man heute genau hinschaut, haben viele einen _ _ - _ _ _ _ _ _.

4 Sehen Sie sich die Zeichnungen an, lesen Sie die Sätze und ergänzen Sie das fehlende Wort.

1. Das _____ gehört heute zur Serienausstattung eines Wagens. Früher war es ein Optional.

2. Früher ging ich immer mit dem _____ zum Joggen. Heute habe ich einen CD-Player.

3. Einst verwendete man den Computer nur zu Hause, heute kann man den _____ überall verwenden.

4. Ich hatte einen sehr schönen _____, aber heute mache ich lieber Aufnahmen mit der Digitalkamera.

5 Lösen Sie das Kreuzworträtsel.

Das braucht man …

1. zum Rechnen.
2. zum Hören von CDs.
3. zum Musikhören im Auto.
4. zum Hören von Musikkassetten.
5. um Bilder in den Computer einzugeben.
6. um fremdsprachige Fernsehsender empfangen zu können.
7. um zu wissen, wer angerufen hat.

Technologie

6 Verbinden Sie die Verben mit den richtigen Dingen.

1. filmen		a. Fotokopierer
2. fotografieren		b. Scanner
3. ausdrucken		c. Fax
4. scannen		d. Handy
5. fotokopieren		e. Videokamera
6. faxen		f. Drucker
7. telefonieren		g. Fotoapparat

7 Ergänzen Sie die Sätze mit den passenden Verben aus Übung 6.

1. Mit der Videokamera .... ich alles, was ich sehe.

2. Mit dem Drucker .... sie alles ...., was sie schreibt.

3. Mit dem Fax .... wir was wir wollen.

4. Mit dem Fotoapparat .... du alles, was dir gefällt.

5. Mit dem Scanner .... sie alle Bilder, die sie haben.

6. Mit dem Handy .... er von überall.

7. Mit dem Fotokopierer .... ihr alles, was ihr lesen wollt.

8 Wo benutzen wir das? Das Autoradio benutzen wir im Auto. Und die anderen Wörter dieser Einheit?

zu Hause oder im Büro ....
überall ....

Sehen Sie sich die Zeichnungen an und lösen Sie das Kreuzworträtsel.

Was benutzen Sie regelmäßig?
Sind Sie ein Anhänger moderner Technologie?

Sport II

der Hochsprung

der Weitsprung

der Hürdenlauf

das Gewichthebe

das Squash

das Karate

der Football

das Windsurfer

das Langlaufen

das Eishockey

der Baseball

das Turmspringe

das Motorradrennen

das Tischtennis

das Boxen

das Rudern

das Bobfahr

1 Sehen Sie sich die Zeichnungen an und schreiben Sie die Wörter. Ergänzen Sie dann mit den Buchstaben aus den grauen Feldern den Satz unten.

Das sind drei Disziplinen der L_I_ _T_ _ _ _ _T_K.
1 2 3 4 5 6 7 8 9

2 Verbinden Sie diese Sportarten mit dem richtigen Gerät.

1. das Boxen
2. das Tischtennisspielen
3. das Motorradrennen
4. das Windsurfen
5. das Rudern
6. der Football
7. das Langlaufen

a. das Ruderboot
b. die Skier
c. das Surfbrett und das Segel
d. der Ball
e. das Motorrad
f. die Boxhandschuhe
g. der Schläger und der Ball

Grammatik

> Mit **man** *wird eine unbestimmte Allgemeinheit ausgedrückt. Dieses Indefinitpronomen gibt es nur im Nominativ Singular.*
>
> Tennis kann **man** zu zweit oder zu viert spielen.
> Im Schwimmbad schwimmt **man** oder **man** macht Turmspringen.
>
> In Japan spielt **man** viel Tischtennis.
>
> *Im Dativ und Akkusativ werden die Formen von* **einer** *verwendet.*
>
> Wenn **einem** nach dem Sport kalt ist, braucht **man** eine Jacke.

3 **Verbinden Sie Satzanfang und -ende.**

1. Vor einem Karatekampf …

2. Beim Squash …

3. Beim Boxen …

4. Beim Eishockey …

5. Wenn man sich auf ein Turnier vorbereitet, …

6. Beim Football …

7. Beim Windsurfen …

8. Beim Tischtennis …

a. amüsiert man sich besonders bei starkem Wind.

b. muss man viel trainieren.

c. spielt man im Eisstadion.

d. gewinnt man mit 21 Punkten.

e. begrüßt man sich.

f. spielt man zu zweit.

g. spielt man in Mannschaften.

h. kämpft man in einem Ring.

4 Suchen Sie die Namen von vier Sportarten dieser Einheit im Buchstabengitter und ergänzen Sie dann den Satz mit den übrigen Buchstaben.

U	F	O	O	T	B	A	L	L
M	M	A	N	N	S	C	H	A
E	I	S	H	O	C	K	E	Y
F	T	S	R	U	D	E	R	N
S	P	O	R	T	A	R	T	E
B	A	S	E	B	A	L	L	N

Hierbei handelt es sich _ _

_ .

5 Schreiben Sie die Wörter in das Gitter und ergänzen Sie den Satz mit dem Wort, das die grauen Felder ergeben.

Langlaufen und Eishockey sind _ _ _ _ _ _ _ _ _ _ _ _ _ _ _ _ _ _ .

6 Wo übt man diese Sportarten aus? Füllen Sie die Tabelle aus.

Windsurfen – Langlaufen – Hochsprung – Gewichtheben
Turmspringen – Bobfahren – Weitsprung – Squash – Rudern – Hürdenlauf
Karate – Football – Tischtennis – Eishockey – Baseball – Boxen

in oder auf dem Wasser	im Schnee	im Stadion	in einem geschlossenen Raum (Turnhalle, usw.)

7 Hier lernen Sie die Namen der Leichtathletikdisziplinen kennen. Schreiben Sie die, die schon eingeführt wurden.

☐☐☐☐☐☐☐☐☐☐ ☐☐☐☐☐☐☐☐☐☐ ☐☐☐☐☐☐☐☐☐☐

Staffellauf Hundert-Meter-Lauf Querfeldeinlauf Wettgehen

Stabhochsprung Dreisprung Diskuswerfen

Speerwerfen Kugelstoßen Hammerwerfen

Sehen Sie sich die Zeichnungen an und lösen Sie das Kreuzworträtsel.

Welche Sportarten sind in Ihrem
Heimatland besonders beliebt? Erzählen Sie.

Alltägliche Handlungen

zahlen   telefonieren   winken

suchen   finden   hinuntergehen   hinaufgehen

hinausgehen   hineingehen   ausschalten   einschalten

putzen   waschen   sich schminken

warten   unterschreiben   schicken   nehmen

1 Verbinden Sie.

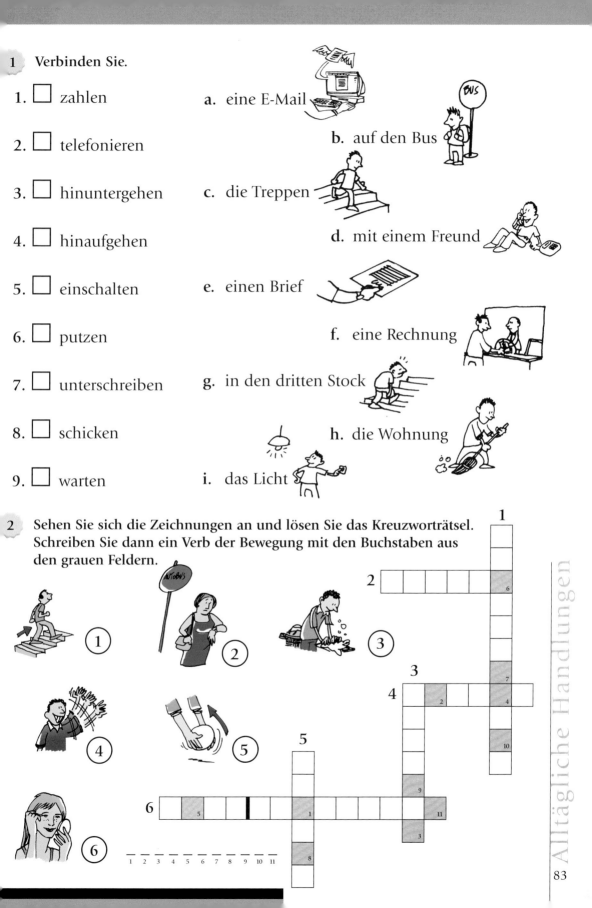

1. ☐ zahlen   **a.** eine E-Mail

2. ☐ telefonieren   **b.** auf den Bus

3. ☐ hinuntergehen   **c.** die Treppen

4. ☐ hinaufgehen   **d.** mit einem Freund

5. ☐ einschalten   **e.** einen Brief

6. ☐ putzen   **f.** eine Rechnung

7. ☐ unterschreiben   **g.** in den dritten Stock

8. ☐ schicken   **h.** die Wohnung

9. ☐ warten   **i.** das Licht

2 Sehen Sie sich die Zeichnungen an und lösen Sie das Kreuzworträtsel. Schreiben Sie dann ein Verb der Bewegung mit den Buchstaben aus den grauen Feldern.

Alltägliche Handlungen

83

Grammatik

> *Temporale Konnektoren:*
>
> **nachdem** *für Nachzeitigkeit*
>
> **Nachdem** er nach Hause gekommen war, setzte er sich an den Computer.
>
> **während** *für Gleichzeitigkeit*
>
> **Während** er telefonierte, sah er den Bus vorbeifahren.
>
> **bevor** *für Vorzeitigkeit*
>
> **Bevor** ich schlafen gehe, trinke ich immer einen Kräutertee.
>
> *N.B. Im Nebensatz mit* nachdem *muss immer eine andere Verbzeit als im Hauptsatz verwendet werden. Steht im Hauptsatz Präsens, muss im Nebensatz Perfekt oder Präteritum stehen; steht im Hauptsatz Perfekt oder Präteritum, muss im Nebensatz Plusquamperfekt stehen.*

3   **Sehen Sie sich die Zeichnungen an und ergänzen Sie** *während, bevor* **und** *nachdem*.

1. .... sie den Brief geschrieben hatte, ist sie zur Post gegangen um ihn zu schicken.

2. .... ich auf den Bus wartete, hast du mich gerufen.

3. .... er nach Hause gekommen war, hat er das Licht angeschaltet.

4. .... ich in aller Eile die Treppen hinuntergegangen bin, bin ich hingefallen.

5. .... der Bus kam, musste sie 20 Minuten warten.

6. .... er das Auto wusch, hat es angefangen zu regnen.

Wählen Sie das richtige Verb und bilden Sie Gegensatzpaare.

einschalten – finden – hinaufgehen – hineingehen

1. suchen ....   3. hinausgehen ....

2. hinuntergehen ....   4. ausschalten ....

Unterstreichen Sie den richtigen Konnektor.

1. *Nachdem/Bevor* Lutz nach Hause gekommen war, hat er den Fernseher eingeschaltet.
2. Gerade *während/bevor* ich die Treppe hinunterging, begegnete ich Erika, die hinaufkam.
3. *Während/Nachdem* ich wartete, habe ich Gisela angerufen.
4. *Nachdem/Bevor* ich die Schlüssel überall gesucht hatte, habe ich sie schließlich in meiner Tasche gefunden.
5. *Nachdem/Bevor* ich das Licht ausmachte, schminkte sich meine Frau ab.
6. *Nachdem/Bevor* mein Sohn aus dem Haus ging, winkte er uns von der Tür zu.

Suchen Sie elf Verben dieser Einheit im Buchstabengitter und ergänzen Sie den Satz mit den übrigen Buchstaben.

W	H	I	N	A	U	S	G	E	H	E	N	D
I	I	E	I	N	S	C	H	A	L	T	E	N
N	S	U	C	H	E	N	N	G	E	W	H	F
K	I	R	Z	A	H	L	E	N	T	A	M	I
E	G	T	Ä	G	L	I	W	A	R	T	E	N
N	H	I	N	E	I	N	G	E	H	E	N	D
A	U	S	S	C	H	A	L	T	E	N	C	E
H	T	E	L	E	F	O	N	I	E	R	E	N

All diese _ _ _ _ _ machen _ _ _ _ _ _ _ _ _ _ _ _ _!

7 Textrekonstruktion: Aschenputtel. Ergänzen Sie die Textabschnitte mit den richtigen Verben in der richtigen Form und ordnen Sie die Abschnitte in der richtigen Reihenfolge.

☐ **a.** *sein – versprechen – sterben – haben*
Ein reicher Mann .... eine Frau und eine Tochter. Das Mädchen .... seiner Mutter, die todkrank war, gut und fromm zu ....
Daraufhin .... die Mutter.

☐ **b.** *bringen – erkennen – verlieren – bekommen – tanzen – laufen – wünschen – sein*
Da ging sie zum Grab und .... sich ein wunderschönes Kleid, das sie auch von dem Vogel .... Sie lief zum Fest, wo niemand sie ...., weil sie so wunderschön .... Der Königssohn .... mit ihr. Als er sie nach Hause .... wollte, ... Aschenputtel schnell weg. Da .... sie ihren Schuh.

☐ **c.** *pflanzen – sitzen – bringen – erfüllen – wünschen*
Einmal .... der Vater den Stieftöchtern schöne Kleider mit und Aschenputtel einen Zweig, den sie sich .... hatte. Aschenputtel .... den Zweig auf dem Grab ihrer Mutter. Aus diesem Zweig wurde ein Baum, auf dem ein Vogel .... Wenn Aschenputtel sich etwas wünschte, ... der Vogel ihr den Wunsch.

☐ **d.** *geben – bleiben – gehen – suchen*
Eines Tages .... der König ein großes Fest für seinen Sohn, der eine Braut .... Auch die beiden Stiefschwestern .... zu diesem Fest. Aber Aschenputtel musste zu Hause ...., weil sie keine schönen Kleider hatte.

☐ **e.** *passen – heiraten – sein – finden*
Der Königssohn .... den Schuh und sagte, dass er das Mädchen .... wollte. Nach langem Suchen fand er Aschenputtel. Der Schuh .... ihr wie angegossen. Die beiden heirateten und .... glücklich und zufrieden bis an ihr Ende.

☐ **f.** *nennen – heiraten – beginnen – liegen – behandeln – wegnehmen*
Nach einiger Zeit .... der Mann eine andere Frau, die zwei Töchter hatte. Die Stiefschwestern und die Stiefmutter .... das Mädchen schlecht. Sie .... ihr alle schönen Kleider .... Für das arme Mädchen .... eine furchtbare Zeit. Sie musste neben dem Herd in der Asche .... Deshalb wurde sie Aschenputtel ....

9 Sehen Sie sich die Zeichnungen an und lösen Sie das Kreuzworträtsel.

Was haben Sie gestern gemacht? Erzählen Sie.

Lösungen

Der menschliche Körper II Seite 4

1 1. die Stirn, 2. die Augenbrauen,
3. die Wimpern, 4. die Lippen,
5. das Kinn, 6. die Wange

2 1. Achsel, 2. Wade, 3. Nabel, 4. Bart,
5. Zunge, 6. Oberschenkel

3 1. Lippen, 2. Wimpern, 3. Wangen,
4. Waden, 5. Knöchel

4 a.6, b.3, c.4, d.2, e.1, f.5

5 1. der Knöchel, 2. das Kinn,
3. die Stirn, 4. die Wange,
5. der Schnurrbart, 6. der Bart,
7. das Handgelenk, 8. der Oberschenkel,
9. die Wade

6 1.c, 2.a, 3.b, 4.f, 5.g, 6.d, 7.e

7 die *Hand*

8 waagrecht: Wange, Bart, Zunge, Wade,
Kinn, Brust, Oberschenkel, Knöchel,
Handgelenk, Schnurrbart, Augenbrauen;
senkrecht: Ellbogen, Nabel, Lippen,
Stirn, Achsel, Wimpern
Körperteile

Erste Hilfe Seite 10

1 1.d, 2.a, 3.e, 4.b, 5.f, 6.g, 7.h, 8.c

2 1. Pflaster, 2. Verband, 3. Blut,
4. Wunde, 5. Gips, 6. Medikamente

3 1. Husten mehr, 2. nie ... Krankenhaus,
3. mehr ... Apotheke, 4. Erkältung ...
niemand(en), 5. Blut ... mehr,
6. Bauchschmerzen ... nichts

4 1. Nein, ich habe keine Kopfschmerzen
mehr. 2. Nein, er hat noch niemand(en)
untersucht. 3. Nein, ich habe nichts
gekauft. 4. Nein, es hat kein Fieber mehr
gehabt. 5. Nein, ich habe die
Krankenpflegerin/sie nicht gerufen.
6. Nein, ich nehme nichts. 7. Nein, ich
hatte noch nie einen Sonnenbrand auf
den Schultern.

5 waagrecht: Halsschmerzen,
Kopfschmerzen, Erkältung,
Sonnenbrand, Zahnschmerzen, Fieber,
Bauchschmerzen; **senkrecht:** Husten
glänzender Form

6 1. Gips, 2. Pflaster, 3. Krankenwagen,
4. Krankenpflegerin, 5. Arzt, 6. Blut

7 1. das Fieber, 2. der Krankenwagen,
3. die Wunde, 4. das Pflaster, 5. das Blut,
6. die Medikamente

8 1. Zahnschmerzen, 2. Bauchschmerzen,
3. Arzt, 4. Sonnenbrand,
5. Krankenwagen, 6. Husten,
7. Fieber, 8. Verband, 9. Pflaster,
10. Kopfschmerzen, 11. Krankenpflegerin,
12. Medikamente, 13. Apotheke, 14. Gips,
15. Wunde, 16. Krankenhaus, 17. Blut,
18. Halsschmerzen, 19. Erkältung

Maße und Mengen Seite 16

1 1. Pfund, 2. Kilo, 3. Meter,
4. Kilometer

2 1.c, 2.e, 3.a, 4.f, 5.b, 6.d

3 1. ein Becher Yoghurt, 2. eine Schachtel
Pralinen, 3. eine Packung Müsli, 4. eine
Flasche Öl, 5. ein Glas Marmelade

4 freie Antwort

5 1. Glas, 2. Flasche, 3. Päckchen,
4. Gramm, 5. Kilo, 6. Packung

6 1. eine Dose Cola, 2. eine Scheibe
Brot, 3. ein Päckchen Puderzucker,
4. ein Glas Marmelade, 5. eine Tüte
Kartoffelchips, 6. eine Tafel Schokolade,
7. ein Meter Stoff, 8. ein Kilometer Stau

7 1. eine Flasche, 2. eine Dose,
3. ein (Tee)beutel, 4. eine Packung,
5. ein Glas

8 1.d Kilometer, 2.e Meter, 3.c Gramm,
4.a Zentimeter, 5.b Kilo

9 waagrecht: Glas, Packung, Meter, Kilo,
Kasten, Tüte, Päckchen, Schachtel,
Becher, Liter, Pfund, Scheibe, Kilometer;
senkrecht: Zentimeter, Tafel, Dose,
Gramm, Flasche
Schokolade

Blumen und Bäume   Seite 22

1 1. Tulpe, 2. Margerite, 3. Veilchen,
4. Rose, 5. Iris, 6. Sonnenblume
Blumenarten

2 1. Weide, 2. Eiche, 3. Zypresse,
4. Birke, 5. Tanne, 6. Kastanienbaum
der Baum

3 1. ihr, 2. ihnen, 3. dir, 4. mir

4 (verschiedene Möglichkeiten)
1. Rosen gefallen Andrea nicht, sie mag
lieber Tulpen. 2. Blumen hat mir mein
Mann nie geschenkt. 3. Ihnen gefallen
die Osterglocken. 4. Unsere Freunde
haben uns eine Pflanze mitgebracht.
5. Wir sind mit Philip und Sara aufs
Land gegangen und haben ihnen ein
Sonnenblumenfeld gezeigt.

6. Ursula und Edith haben im Garten
gespielt und haben eine Blumenkette
gebastelt. 7. Schau mal, diese Eiche
scheint mir sehr alt! 8. Ich gebe euch für
euer Wohnzimmer ein Alpenveilchen.

5 1. die Tanne, 2. die Birke,
3. der Kastanienbaum, 4. die Weide,
5. die Eiche

6 1. Veilchen, 2. Iris, 3. Rose, 4. Orchidee,
5. Tulpe, 6. Sonnenblume

7 freie Antwort

8 Weide, Zypresse, Tanne, Tulpen, Rosen,
Margeriten, Alpenveilchen ...

9 waagrecht: Kastanienbaum,
Osterglocke, Orchidee, Maiglöckchen,
Rose, Weide, Tulpe, Veilchen,
Sonnenblume, Alpenveilchen;
senkrecht: Tanne, Birke, Iris, Eiche,
Margerite
Sag's durch die Blume!

Das Auto   Seite 28

1 1.e, 2.d, 3.f, 4.b, 5.a, 6.c

2 1. Kofferraum, 2. Scheinwerfer,
3. Steuerrad, 4. Stoßstange, 5. Autotür,
6. Schalthebel, 7. Sitz, 8. Motor,
9. Nummernschild, 10. Reifen

3 1. Lässt, 2. lassen, 3. Lass, 4. lassen,
5. lass, 6. lässt

4 waagrecht: Rückspiegel, Schalthebel,
Kofferraum, Steuerrad, Sicherheitsgurt;
senkrecht: Sitz, Hupe
im Innenraum

5 1. Scheibenwischer, 2. Motor,
3. Reifen, 4. Scheinwerfer,
5. Nummernschild

6 1.a, 2.b, 3.a, 4.b, 5.a, 6.a

7 1. Fenster, 2. Hupe, 3. Kofferraum,
4. Sitz, 5. Motor

8 1. der Reifen, 2. die Pedale,
3. der Scheibenwischer, 4. der Blinker

9 1. Kotflügel, 2. Scheibenwischer,
3. Pedale, 4. Autotür, 5. Steuerrad,
6. Hupe, 7. Sicherheitsgurt,
8. Schalthebel, 9. Motor, 10. Fenster,
11. Nummernschild, 12. Reifen,
13. Windschutzscheibe, 14. Scheinwerfer,
15. Blinker, 16. Sitz, 17. Rückspiegel,
18. Stoßstange, 19. Kofferraum
Personen

Der Bahnhof und die Züge Seite 34

1 1. der Platz, 2. der Liegeplatz,
3. das Fenster, 4. der Speisewagen,
5. das Gleis, 6. die Lokomotive

2 1. Gleis, 2. Fahrkarte, 3. Zug,
4. Fahrkartenschalter, 5. Bahnhofsvorsteher,
6. Liegeplatz

3 1. in, 2. um, 3. ab, 4. entgegen, 5. um,
6. in der, 7. über, 8. von ... aus

4 1. in den Zug, 2. auf Gleis, 3. aus der,
4. Zug nach, 5. im Speisewagen, 6. auf ...
Platz, 7. aus dem Fenster

5 1. der Kofferkuli, 2. der
Fahrkartenschalter, 3. die Anzeigetafel,
4. der Wartesaal, 5. die Auskunft,
6. der Liegeplatz

6 1. der Fahrkartenschalter, 2. die
Anzeigetafel, 3. die Gepäckaufbewahrung,
4. der Wartesaal, 5. der Schlafwagen,
6. die Auskunft, 7. der Bahnhofsvorsteher,
8. der Kofferkuli, 9. die Lokomotive,
10. das Gleis

7 1.b, 2.a

8 1. Anzeigetafel, 2. Platz, 3. Fenster,
4. Wagen, 5. Bahnhofsvorsteher, 6. Gleis,
7. Auskunft, 8. Zug, 9. Fahrkarte,
10. Kontrolleur, 11. Wartesaal,
12. Lokomotive, 13. Speisewagen,
14. Gepäckaufbewahrung,
15. Schlafwagen

Der Flughafen und das Flugzeug Seite 40

1 waagrecht: Notausgang, Fenster, Platz,
Tragfläche; **senkrecht:** Gurt, Gang
Bestandteile

2 1. Kontrollturm, 2. die Startbahn,
3. der Flugsteig, 4. das Flugzeug,
5. das Gepäck, 6. die Gepäckausgabe,
7. die Sicherheitskontrolle,
8. die Abfertigung

3 1. Wenn, 2. Als, 3. Bei, 4. Während,
5. Während, 6. als

4 1.c Abfertigung, 2.b Bordkarte,
3.a Ausweis, 4.f Sicherheitskontrolle,
5.d Gurt, 6.e Flugzeug

5 1. Stewardess, 2. Kommandant,
3. Kontrollturm, 4. Gepäckausgabe

6 1. Gepäck, 2. Fenster ... Gang,
3. Bordkarte, 4. Ausweis, 5. Gurt, 6. Platz

7 1.d, 2.g, 3.f, 4.b, 5.e, 6.c, 7.a

8 1. Kontrollturm, 2. Stewardess,
3. Kommandant, 4. Tragfläche,
5. Startbahn, 6. Gepäck, 7. Flugzeug,
8. Fenster

Im Hotel Seite 46

1 1. der Konferenzraum, 2. der Speisesaal,
3. der Swimmingpool, 4. die Rezeption,

5. die Lobby, 6. die Hotelbar,
7. der Parkplatz, 8. der Portier,
9. der Tennisplatz

2 1. Einzelzimmer, 2. Doppelzimmer,
3. Doppelzimmer

3 1. möchte, 2. Wäre, 3. hätte,
4. Könntest/Würdest, 5. könntet, 6. Würde

4 1. Hätten Sie ein Doppelzimmer mit
Vollpension frei? 2. Wäre es möglich, ein
Zimmer mit Balkon zu bekommen?
3. Ich möchte bitte ein Einzelzimmer für
das Wochenende reservieren. 4. Würden
Sie mir bitte zeigen, wie die Klimaanlage
funktioniert? 5. Das müssten Sie den
Portier fragen. 6. Da könnten Sie sich an
die Rezeption wenden. 7. Würden Sie
mir bitte den Schlüssel Nummer 132
geben? 8. Hätten Sie vielleicht auch
einen Konferenzraum zur Verfügung?

5 1. Doppelzimmer, 2. Speisesaal,
3. Einzelzimmer, 4. Halbpension,
5. Rezeption, 6. Zimmerschlüssel,
7. Vollpension

6 1. Zimmer, 2. Minibar, Klimaanlage,
3. Halbpension, Vollpension, 4. Rezeption,
5. Hotelbar, Speisesaal, 6. Swimmingpool,
Tennisplätze, 7. Konferenzraum,
8. Parkplatz

7 1. Parkplatz, 2. Klimaanlage,
3. Einzelzimmer, 4. Minibar,
5. Konferenzraum, 6. Lobby

8 waagrecht: Speisesaal, Einzelzimmer,
Halbpension, Minibar, Lobby,
Tennisplatz, Zimmerschlüssel,
Klimaanlage, Portier, Konferenzraum,
Vollpension, Parkplatz, Hotelbar;
senkrecht: Rezeption, Swimmingpool,
Doppelzimmer
ein Zimmer mit ... Kinderbetten

Die Musik
Seite 52

1 1. Partitur, 2. Konzert, 3. Kapelle,
4. Note, 5. Saxofon, 6. Trompete

2 waagrecht: Schlagzeug, Klavier,
Kontrabass, Flöte, Akkordeon, Keyboard,
Geige; **senkrecht:** Gitarre, Cello
neun Musikinstrumenten

3 1. Noten –, 2. Schlagzeug zu, 3. Gitarre, –,
4. Kapelle, –, 5. Geige –, 6. Cello –

4 1. die Geige, 2. die Trompete,
3. der Kontrabass, 4. der Dirigent,
5. die Partitur, 6. die Flöte

5 1. Konzert, 2. Kapelle, 3. CD,
4. Dirigent, 5. Rockgruppe, 6. Flöte

6 1. klassische Musik, 2. Oper,
3. Kirchenmusik, 4. Rockmusik,
5. Popmusik, 6. Jazz, 7. Blues,
8. Rap/Hip-Hop, 9. Schlager

7 1.e, 2.c, 3.d, 4.b, 5.a

8 1. Akkordeon, 2. Dirigent, 3. Kontrabass,
4. Keyboard, 5. Konzert, 6. Geige, 7. Cello,
8. CD, 9. Gitarre, 10. Schlagzeug, 11. Sänger,
12. Klavier, 13. Note, 14. Rockgruppe,
15. Trompete, 16. Saxofon, 17. Partitur,
18. Flöte, 19. Kapelle, 20. Orchester

Kino und Theater
Seite 58

1 1. Platz, 2. Bühne, 3. Loge, 4. Vorhang,
5. Karte, 6. Schauspieler, 7. Parkett
Theater

2 1. Regisseur, 2. Film, 3. Rang, 4. Plakat,
5. Leinwand, 6. Kasse, 7. Parkett
Kino

3 1. gefallen, 2. gefallen, 3. finde, 4. mag,
5. gefällt

4 1. Parkett, 2. Vorhang, 3. Rang,
4. Leinwand

5 1. die Kasse, 2. die Bühne,
3. der Film, 4. die Leinwand,
5. die Loge

6 waagrecht: Parkett, Karten, Film, Plakat
Erdnüsse

7 1. die Loge, 2. der Vorhang,
3. die Bühne, 4. der Schauspieler,
5. das Parkett, 6. der Platz

8 1. Platz, 2. Regisseur, 3. Schauspieler,
4. Parkett, 5. Kasse, 6. Vorhang,
7. Loge, 8. Leinwand, 9. Rang,
10. Bühne, 11. Schauspielerin,
12. Film, 13. Karte, 14. Plakat

Das Fernsehen Seite 64

1 1. Videorecorder, 2. Fernseher,
3. Fernbedienung, 4. Videokassette
Flimmerkasten

2 waagrecht: Zeichentrickfilm,
Dokumentarfilm, Wettervorhersage,
Sportsendung, Nachrichten, Werbespot,
Unterhaltungssendung, Spielfilm;
senkrecht: Quiz
Was kommt heute Abend im Fernsehen?

3 Gegenwart:
1. Programmzeitschrift wird ... gekauft,
2. Wettervorhersage wird ... gesendet,
3. Videorecorder wird ... gedrängt
Vergangenheit:
1. Fernseher wurde ... gebracht /ist ...
gebracht worden, 2. Werbespot wurde ...
gedreht/ist ... gedreht worden,
3. Videokassetten wurden ...
aufgenommen/sind ... aufgenommen
worden

4 1.d, 2.g, 3.c, 4.f, 5.i, 6.e, 7.h, 8.a, 9.b

5 1. die Fernbedienung,
2. der Videorecorder, der DVD-Player,
3. die Programmzeitschrift,
4. die Antenne

6 1. die Nachrichten, 2. eine
Unterhaltungssendung, 3. eine
Sportsendung, 4. die Wettervorhersage,
5. Zeichentrickfilme, 6. Dokumentarfilme,
7. die Spielfilme, 8. ein Quiz,
9. Werbespots

7 1. DVD-Player, 2. Fernseher,
3. Zeichentrickfilm, 4. Videokassette,
5. Quiz, 6. Wettervorhersage,
7. Sportsendung, 8. Dokumentarfilm,
9. Videorecorder, 10.
Unterhaltungssendung,
11. Nachrichten, 12. Werbespot,
13. Antenne, 14. Programmzeitschrift,
15. Fernbedienung, 16. Spielfilm

Technologie Seite 70

1 Musik hören: das Radio,
die Stereoanlage, der CD-Player,
der Walkman, das Autoradio;
Kommunizieren: das Fax, das Handy;
anderes: der Taschenrechner,
die Videokamera

2 1.c, 2.a, 3.h, 4.e, 5.b, 6.g, 7.d, 8.f

3 1. Als ... Handys, 2. Als ... Computer,
3. Wenn ... Fax, 4. Wenn ... Fotokopierer,
5. Wenn ... CD-Player

4 1. Autoradio, 2. Walkman, 3. Laptop,
4. Fotoapparat

5 1. Taschenrechner, 2. CD-Player,
3. Autoradio, 4. Walkman,
5. Scanner, 6. Satellitenantenne,
7. Anrufbeantworter

6 1.e, 2.g, 3.f, 4.b, 5.a, 6.c, 7.d

7 1. filme, 2. druckt ... aus, 3. faxen,
4. fotografierst, 5. scannen, 6. telefoniert,
7. fotokopiert

8 zu Hause oder im Büro: Computer,
Steroanlage, Telefon, Anrufbeantworter,
Satellitenantenne, Fotokopierer, Fax,
Scanner, Drucker; **überall:** Videokamera,
Handy, Fotoapparat, Laptop, Walkman,
Taschenrechner, CD-Player, Radio

9 1. Videokamera, 2. Computer,
3. Autoradio, 4. Telefon,
5. Taschenrechner, 6. Satellitenantenne,
7. Handy, 8. Fax , 9. Fotokopierer,
10. Walkman, 11. Fotoapparat,
12. Scanner, 13. Stereoanlage, 14. Radio,
15. Anrufbeantworter, 16. CD-Player,
17. Laptop, 18. Drucker

Sport II Seite 76

1 1. Hochsprung, 2. Weitsprung,
3. Hürdenlauf
Leichtathletik

2 1.f, 2.g, 3.e, 4.c, 5.a, 6.d, 7.b

3 1.e, 2.f, 3.h, 4.c, 5.b, 6.g, 7.a, 8.d

4 Football, Eishockey, Rudern, Baseball
um Mannschaftssportarten

5 1. Weitsprung, 2. Langlaufen,
3. Motorradrennen, 4. Hürdenlauf,
5. Hochsprung, 6. Turmspringen,
7. Boxen, 8. Windsurfen,
9. Gewichtheben, 10. Squash,
11. Bobfahren, 12. Tischtennis
Wintersportarten

6 in oder auf dem Wasser: Windsurfen,
Turmspringen, Rudern; **im Schnee:**
Langlaufen, Bobfahren, Eishockey;
im Stadion: Hochsprung, Weitsprung,
Hürdenlauf, Football, Baseball,
Eishockey; **in einem geschlossenen
Raum:** Gewichtheben, Squash, Karate,
Tischtennis, Boxen

7 Hochsprung, Weitsprung, Hürdenlauf

8 1. Tischtennis, 2. Bobfahren, 3. Karate,
4. Weitsprung, 5. Motorradrennen,
6. Turmspringen, 7. Gewichtheben,
8. Hochsprung, 9. Eishockey, 10. Squash,
11. Windsurfen, 12. Rudern, 13. Football,
14. Hürdenlauf, 15. Boxen, 16. Baseball,
17. Langlaufen

Alltägliche Handlungen Seite 82

1 1.f, 2.d, 3.c, 4.g, 5.i, 6.h, 7.e, 8.a, 9.b

2 1. hinaufgehen, 2. warten, 3. waschen,
4. winken, 5. nehmen, 6. sich schminken
hineingehen

3 1. Nachdem, 2. Während, 3. Nachdem,
4. Während, 5. Bevor, 6. Während

4 1. finden, 2. hinaufgehen,
3. hineingehen, 4. einschalten

5 1. Nachdem Lutz nach Hause
gekommen war, hat er den Fernseher
eingeschaltet. 2. Gerade während ich die
Treppe hinunterging, begegnete ich Erika,
die hinaufkam. 3. Während ich wartete,
habe ich Gisela angerufen. 4. Nachdem
ich die Schlüssel überall gesucht hatte,
habe ich sie schließlich in meiner Tasche
gefunden. 5. Bevor ich das Licht
ausmachte, schminkte sich meine Frau
ab. 6. Bevor mein Sohn aus dem Haus
ging, winkte er uns von der Tür zu.

6 waagrecht: hinausgehen, einschalten,
suchen, zahlen, warten, hineingehen,
ausschalten, telefonieren; **senkrecht:**
winken, nehmen, finden
Dinge ... wir tagtäglich

7 1.a hatte, versprach, sein, starb;
2.f heiratete, behandelten, nahmen ...
weg, begann, liegen, genannt; 3.c brachte,
gewünscht, pflanzte, saß, erfüllte;
4.d gab, suchte, gingen, bleiben;
5.b wünschte, bekam, erkannte, war,
tanzte, bringen, lief, verlor; 6.e fand,
heiraten, passte, waren

8 1. hinaufgehen, 2. hineingehen,
3. hinuntergehen, 4. finden, 5. zahlen,
6. unterschreiben, 7. waschen,
8. nehmen, 9. telefonieren, 10. winken,
11. einschalten, 12. sich schminken,
13. putzen, 14. schicken, 15. suchen,
16. ausschalten, 17. warten,
18. hinausgehen

Inhalt